運を引き寄せる実験

世の中の運がよくなる方法を試してみた

スピリチュアル研究家
櫻庭露樹
Tsuyuki Sakuraba

フォレスト出版

【はじめに】身をもって体感した「運」が開ける「幸運体質」とは

巷《ちまた》には、運にまつわる情報があふれています。

占いや霊能者、ありとあらゆる分野で名の知れた専門家が、そのノウハウを発信し、多くの方がその情報に関心を持っているようです。

では、運とは、いったい何なのでしょうか。

「無宗教者と言われる日本人が、初詣に行き神様を前に手を合わせ、いったい何を願うのか」

そんな問いかけを、海外の友人にされたことがあります。私はすかさずこんな答えを口にしました。

「運は人生そのもの。その運を意のままにした、彩《いろど》り深い人生を全《まっと》うできるように、私たち日本人は神様に祈る。年に一度はこうして自分を振り返り、瞑想《めいそう》しているのだ」

開運を極め、人生を全うする、それはまさに「道」です。

その行く先の答えもゴールも、実は人それぞれ違うのかもしれません。

それなのに、なぜこんなにも人は運に関心があるのか。

それは仕事やお金、人間関係、健康やご縁――人生にまつわるすべてのことに運が鍵となって関わっているということを、本能的に知っているからではないでしょうか。


開運は「技術」です。


宇宙には法則があり、その法則を知り、型通りに実践さえすれば、誰でも、どこでも、どんな状況でも、いつからでも開運することができます。

宇宙の法則は絶対的に存在し、それを意識するか否かにかかわらず、使いこなしている方々がいます。そういう方には共通の智慧《ちえ》や行動・思考パターンがあることがわかっています。それらを体得することが、開運の究極のテーマです。


私は、35歳まで人生に悩み、とりわけ生きがいも面白いこともなく、死にたいとさえ思って生きていました。

そんななかで、偶然のご縁に恵まれ、師匠と仰いだ恩人たちから教えていただいた智慧を、必死で実践することになりました。


どうしても人生を変えたい。

何もかもうまくいかない人生に終止符を打ちたい。

つまらない毎日を何とかしたい。

生まれてきたお役目、使命があるのなら、どうしてもそれを知りたい。

そのためなら何でもします!!


当時はただ、自分の人生を何とかしたいという思いが、私を突き動かしていました。

半信半疑とはいえ、まさに死に物狂いで、師匠の教えを実践していったのです。

初めは、靴をそろえることや、笑顔で挨拶《あいさつ》やお礼を言うこと、使った椅子は片づけることなど、まるで幼稚園児がこなすような小さなことから徹底的に実践していきました。

そんななかで、なかなか状況もよくならず、好転していく兆《きざ》しもなくて、師匠に文句を言ったこともありました。

しかし、成功者はやはり実践し続けるのです。

小さな行動の積み重ねが、人生を大きく変えていくのだと教わりました。

あきらめるわけにはいきません。


成功とは何なのか？

これまで出会ってきた師匠や偉人たちを見て思いました。

それは、いかなる状況になっても変わることのない**幸運体質**になることです。成功する人、毎日を幸せに生きている人は、成功や幸運に恵まれているから、今があるのではないのです。

たとえ今、どんな状況に陥っていても物事の変化や人間関係、感情にとらわれすぎることもなく、またゼロからでも絶対にのし上がっていけるという安心感と自信、言わば絶対的な幸運体質が備わっているからなのです。

もし今、あなたの困った状況に絶対的な幸運体質が備わったら人生はどう変わっていくでしょう。


この本には、私が今まで師匠たちから学び実践してきた開運の型や、夢や使命の見つけ方を詰め込みました。

あなたがこの本と出会い、書いてあることをその通りに実践することで、あなたの運は確実に上昇していきます。

自ら積極的に働きかけないと、人生を変えることはできません。

開運を極める道は、実践学なのです。

そして何より、開運をしていくなかで、あなたは最高の自分自身と、その才能を謳《おう》歌《か》する人生に出会うことができるでしょう。

もしかしたらその旅は、今のあなたにとって想定外かもしれません。しかし、あなたが本当に求めていた出会いや生きがいが、きっとそこにはあるはずです。

人生を変える選択肢は、常に「やるか」「するか」しかありません。

実践するしかないのです。

そういえば昨年、イエス・キリスト巡礼のツアーを企画し、イスラエルの教会に行ったときに、イエスから啓示を受けました。

「櫻庭、あなたには日本で開運を広めて、多くの人を幸せに導く使命があるよ」

「イエス様、そんな大役、私でいいのでしょうか？」

イエスはそっと私にささやきました。

「YES（イエス）……」

ということで、最後までお楽しみいただければと思います。

2019年12月25日　イエスを祝う日に

スピリチュアル研究家　櫻庭露樹

もくじ

はじめに　身をもって体感した「運」が開ける「幸運体質」とは ―― 1

プロローグ　人生の使命は頼まれごとからやってくる ―― 15

☒「開運」とは実践学 ―― 16

［ケース❶］パン屋のお姉さんは開運クイーン ⬇ 普通のOLだった20代の女性Aさん ―― 16

［ケース❷］トイレ掃除を実践したらスカウトがきた ⬇ 何をやっても続かない20代アルバイトのイケメン男子B君 ―― 17

［ケース❸］軌道修正の幕開け。臨時収入が入ってきた！ ⬇ 多くの塾生たちからの報告 ―― 18

［ケース❹］この本もまた、宇宙の法則の産物 ⬇ 私、櫻庭露樹が実践した「願文流し」 ―― 20

☒ 開運ことはじめ　ある人が教えてくれたツキを呼ぶ3つのこと ―― 22

［もう俺に運なんてないな、とヤサグレていたあの頃］ ―― 22

［出会いがきっかけで運が変わる］ ―― 24

［1つ目の教え ⇩ 財布とお金を大切にする］ ―― 26

［2つ目の教え ⇩ 靴をそろえる］ ―― 29

［3つ目の教え ⇩ 椅子を戻す］ ―― 30

☒ 斎藤一人さんとの出会い「つやこ49　斎藤一人」 ―― 33

☒ 小林正観さんとの出会いから運が開けてくる ―― 35

☒自分の口にする言葉が運命をつくっていく――42
☒長年悩んでいた不眠症が治った奇跡――47

第1章 運がよくなるために、実践することが大切な理由――55
☒運は目に見えないからこそ行動するしかない――56
☒運は待っているだけでは絶対によくならない――57
☒運は楽しく、ワクワク実践した人のところにやってくる――59

第2章 誰でもすぐに始められる「金運」を引き寄せる方法――63
☒宇宙にある「コスモスバンク」と「コスモスローン」――64
☒臨時収入はお試しごと。10分の1を人のために使う――66
☒臨時収入は自分のものだと思ってはいけない――68
［お金の流れを変える10％ルール］――71
［臨時出費はあなたのこれまでの金運の相殺作業］――73
☒金運を引き寄せる「お財布の法則」――76
［実践！「お財布の法則」］――77

知っておきたいお財布の取扱説明書――81
お財布のルールには「してはいけないこと」がたくさんある――84
超実践！　満月のパワーでお金の邪気をはらう――88
磨いたお金が必ず戻ってくる。とくにおいしくもない弁当屋が繁盛する秘密――90
金運が下がったときの修正法――92

第3章 運が必ず引き寄せられる「掃除のススメ」――97
トイレ掃除で「臨時収入」と言われれば誰だってやってみるはず――98
運がよくなるトイレ掃除の秘密――100
［公開！「トイレ掃除の秘密」と実践法］――100
トイレ掃除は継続すればするほど、想定外の奇跡が起こる――103
トイレ掃除は必ず素手でやらなければいけない？――108
トイレの蓋の上にいる烏枢沙摩明王様に感謝する――110

第4章 人生にツキを呼ぶ「全捨離」のやり方――113
全捨離とは目に映る景色を変えること――114

⌧運気は環境。波動の高いところにいかに身を置くか――116
⌧お金持ちと床面積は運に密接に関係している――120
⌧人生にツキを呼び込む全捨離実践法――121
［ツキを呼び込む全捨離実践法］――122
⌧玄関は運気の入り口。徹底的に全捨離する――124
⌧全捨離は、まずは服から捨てなさい――130
⌧全捨離を始めたとたんに奇跡が起こったネットパン屋の女性――135
⌧徹底的に全捨離するなら「水回り」をきれいにすること――138
［お風呂には邪気が集まる］――139
［台所には必要のないモノだらけ］――140
⌧できるのならば最強。千倍吉方位への引っ越しのすすめ――143
⌧全捨離を邪魔するものの正体――144
⌧邪気に襲われたときの対処法――146

第5章 「健康運」をアップさせる超実践的な方法

「健康運」をアップさせる超実践的な方法――149
⌧健康運もあなたの実践によって変わる――150

［健康運をアップする実践法］——150
寝室は自分に合った場所が一番いい——152
疲れを取るのは睡眠時間ではなく空気の透明度——153
ベッドと布団、どちらが健康運がよくなるのか——155
布団は高価なものではなく1年で取り換える——157
［布団の消費期限］——157
［健康運には、やはり早寝早起き］——157

第6章 あなたの夢を叶える、具体的な夢の引き寄せ方——159

運がよくなる「引き寄せ」はワクワク感で未来をイメージ——160
夢を引き寄せるには「準備」するしかない——161
「予祝」の世界観は夢を叶える近道——165
夢の叶え方も具体的に実践できる——167
［夢を引き寄せる実践法］——167
願文はただ夢を書くのではない——169
書く言葉には未来という時間の概念が重要——170
未来を先につくってしまえば、あとはワクワクするだけでいい——174

⌘大切なのは結果をつくり、細かな目標設定をすること――176
⌘「願文流し」で夢を叶える方法――177
⌘運を高めるために必要な「徳を積む」ということ――181
「あなたが得られる「徳」は2種類ある」――182

第7章 日頃から運を引き寄せるための習慣――185
⌘1人会議で毎日自分を運がよくなる環境へ導く――186
⌘自分の運を下げてしまうような人間関係は切ってしまう――190
⌘成功している人の隣にいるだけで運がどんどんアップする――191
⌘ふだん何を食べているのか意識して運を安定させる――194
⌘幸と不幸は必ずセットとして存在している――196
⌘「負の先払い」をして、うまくいかないときをカバーする――197
⌘運がよくなる宇宙の法則「ゴールデン・ルーティン」――199

エピローグ あなたに降りかかる出来事はすべて「代償先払い」――203
⌘ついに100坪の店舗を出してみたけれど……――204

☒「代償先払い」の出来事は、ある日突然やってくる――208
☒足りなかったスタッフへの感謝に気づき、感謝を伝えると……――212
☒「代償先払い」の意味に気づいたとき、奇跡が起こる――215

特別付録
ベストセラー作家ひすいこたろうvs.櫻庭露樹のスピ対談――219
▼2人の出会いは小林正観さんの箱根合宿から始まった――220
▼2人の運命を決定づけた決定的な出来事――222
▼運は実践した人しかよくならない――225

プロローグ

人生の使命は頼まれごとからやってくる

「開運」とは実践学

私は数年前から、開運に特化した「全捨離」を実践する【運呼《うんこ》塾】を主宰してきました。のべ３００人以上の塾生のなかで、素直に実践し人生が激変した人は数知れませんが、印象に残っている何人かをご紹介したいと思います。

【ケース❶】パン屋のお姉さんは開運クイーン

⬇普通のＯＬだった20代の女性Ａさん

パンを焼くのが趣味だったＡさん。最初は自分だけで楽しんでいましたが、食べ切れないので友人たちにおすそ分けしていたら、評判がよく、お金を払うからまたパンを焼いてほしいという依頼が殺到したそうです。

Ａさんは自分の大好きなことで、誰かが喜んでくれてお金ももらえるなんてと、とても感動したそうです。

そんな毎日で起業資金を貯めつつ、ついに一念発起、趣味を仕事にしたいと自宅でパン屋さんを始めました。

しかし、なかなか注文が入ってきません。

最初はおつき合いで買ってくれていた友人知人たちも、いつの間にかリピートしなくなってしまいました。

生活もままならなくなってしまったなかで、この状況を何とかしたいと「全捨離」を実践。とにかくモノを手離し、まずはパンを焼く環境を整えることに集中したのです。パンのつくり方や自宅をパワースポットにすることに徹底的にこだわりました。

やがて受注が増え始め、塾には来なくなりました。

なぜなら注文が殺到し、塾に行く暇がなくなったからです。売り上げは50倍になり、地域ではもちろん、ネット販売でも名の知れた評判のパン屋さんになりました。

［ケース❷］トイレ掃除を実践したらスカウトがきた

⬇何をやっても続かない20代アルバイトのイケメン男子B君

大卒で新入社員として働くも、会社を3カ月で辞めてしまったB君。次の就職先も決まらず、アルバイトを転々としていた際に、知人の紹介で私の講演会に来たのをきっかけに運呼塾に仲間入りしました。

B君は、何だかよくわからないけれど、自分が欲しいものはトイレ掃除をしたら与えられると聞いて、トイレ掃除を続けることを決意。半信半疑、怪しいと思っていたので、人にはあえて言えないけれど、自宅はもちろん、出先でもトイレに立ち寄るたびにご縁のあるトイレをきれいにしていくことを続けました。

そんなとき、街中で声をかけられ、雑誌のモデルや俳優業の道が開かれることになったのです。まだまだ駆け出しではありますが、学生時代にあきらめた舞台の夢を叶《かな》えるために、稽古《けいこ》とトイレ掃除に励んでいます。

［ケース❸］軌道修正の幕開け。臨時収入が入ってきた！

⬇多くの塾生たちからの報告

「臨時収入が入った」といううれしい報告や驚愕《きょうがく》の話題は、塾生から本当によく挙がってきます。

「宝くじで3000万円当たった」「50万円の臨時収入が入ってきた」「『ありがとう』をつぶやき続けたら、夫が昇進し年収が2倍になった」といった話は本当によくあります。

でもこれは、全捨離のほんの入り口にすぎません。全捨離を実践し始めてすぐに臨時収入のあった方にお伝えしたいのは、そのお金は、本当はもっと前にあなたが手にしているべきだったものだということ。そして、もっと多くの金額を手にしていたはずなのです。

やっと運の軌道修正が始まった合図です。

そして、この臨時収入の使い方をまた、試されてもいるということをお忘れなく。すべてを自分の欲求を満たすために使わないようにするべきです。

このように、私のもとにはSNSやメール、ユーチューブのコメント欄などに、実践したみなさんの感想や事後報告がたくさん送られてきます。そんなメッセージを拝見するのが何よりうれしく、本当にありがたいことだと思っています。

臨時収入の報告も多いのですが、一番多いのは「全捨離をしたらなぜか人間関係がよくなった」という話です。

多くの悩みの根本は、人間関係であることがほとんどです。家族、知人友人、学校や職場、近所づき合いなど、社会の中で生きていると避けられないトラブルもあるでしょう。

人はけっして変えられません。けれども、自分の周りの環境や行動を意識的に変えることで、人間関係の悩みは不思議と解決していくことが多いのです。

そのほかにも、仕事にやりがいがなくて悩んでいた方から、やりたい仕事が回ってきましたとか、ウツに悩みひきこもっていた長男がポジティブになって社会復帰を果たしましたとか、ずっと患《わずら》っていた難病がよくなったなどのうれしい報告も多く、全捨離と開運の型の実践のすごさを、多くの人の変化を通じて痛感しています。

［ケース❹］この本もまた、宇宙の法則の産物

⬇私、櫻庭露樹が実践した「願文流し」

実は、あなたが今読んでいるこの本も私自身が引き寄せたものなのです。

2018年11月、私は、とある有名作家さんのご紹介でフォレスト出版にお邪魔しました。

そのとき、漠然《ばくぜん》とではありましたが「僕にも出版の依頼がきたらいいな」と思いました。なのでさっそく、その翌日に、出版の依頼がくるという「願文」（第6章に書かれている、願いを叶える実践方法の1つ）にしたためました。

すると、なんとその数週間後、この本を編集してくれた稲川さんが、偶然私の講演に来て、2019年7月に正式に出版依頼をいただきました。

自分を含め、実践すればするほどこんな面白いことばかりが起こって、本当に多くの裏づけができているからこそ、このメソッドを自信を持って伝えることができます。

私のお伝えしている全捨離や開運の型を実践すれば、あなたの人生は必ず好転します。必ず運は上昇していきます。それは「宇宙の絶対法則」だからです。

この本には、モノを手離したら病気が治った、トイレ掃除を実践したら臨時収入が入ってきたなど、いわゆるスピリチュアルなことが書かれています。

人によっては「怪しい」「宗教だ」とおっしゃるかもしれませんが、私が運の研究家として15年以上、身をもって実践してきた、本当の話です。その中でもとくに、効果があったものだけを本書に惜しみなく公開させていただきました。

信じられるかどうかは別として、あなたが本当に「人生を変えたい」「もっと運をよくしたい」と思っているならば、これ以外に道はないとさえ思っています。

最短、最速で、今すぐに始められ、誰にでもできるこの実践方法こそが、あなたの唯一の選択肢となり、人生の軌道修正のきっかけになるでしょう。

いい話を耳にしても、実践しない人がほとんどです。実践しなければ何も変わりません。

逆に、藁《わら》にもすがる思いで駆け込んできた人ほど、ほかに選択肢がないので素直に実践し結果を出していきます。

そんな人たちがよくこう言うのです。

「あのとき、自分が遭遇し、窮地に追い詰められていた不幸は、もしかしたら神様からのギフトだったのかもしれない」

「禍福は糾《あざな》える縄の如《ごと》し」。まさにその通りなのかもしれませんね。

☒開運ことはじめ ある人が教えてくれたツキを呼ぶ3つのこと

【もう俺に運なんてないな、とヤサグレていたあの頃】

今でこそ日本全国津々浦々に呼んでいただき、「開運」について人様の前でお話しさせていただくようになった私ですが、そもそも、なぜ運の研究を始めたのかをお話ししたいと思います。

はじめにでも書きましたが、私は35歳まで毎日死にたいと思っていました。夢も希望もないまま過ぎていく毎日に嫌気が差していたのです。人生に意味なんてないと思っていたし、生きている意味がまったくわからなかったのです。

そのときの私は、運を自分でコントロールできるものだということを知りませんでした。どんなに悲惨な状況に遭遇しても、ただその場を耐えるしか道はなく、「棚から牡丹餅《ぼたもち》」のように、運がよくなるまでただひたすら待つしかないと思っていたのです。だから何の根拠もなく、そのうち運がよくなるだろうと思いながら、運が下がったままの毎日を過ごしていました。

35年が経って、「もう俺に運なんてないな」ということが腑《ふ》に落ちました。

俺の人生ってこんなもんなんだろうなっていうあきらめを感じていたのです。何もかもうまくいかなくて、心底楽しいと思えることもまったくないのですから。

いったいどうしたらいいかわからないまま時が過ぎていくなかで、どうしてもあきらめられず、何とか人生を変えたくて悶々《もんもん》とした日々を過ごしていました。

今も、そんなかつての私のような人が、世の中にけっこういると思うのです。

本やメディアやネット上に、さまざまな情報はあふれているのに、具体的な体験談や宇宙の法則を教えてくれる人が身近にいないのですから。

［出会いがきっかけで運が変わる］

当時の、そんなどうしようもない私を変えたのは〝出会い〟でした。

私に一番初めに宇宙の法則というのを教えてくれた人は、30歳のときにタイで出会った人でした。

その人は一見、「ヤ」のつく自由業としか見えないような風貌で、近寄りがたいオーラを発していました。

当時の私は、タイのチェンマイでスパを経営していたので、毎月現地へ行っていたのですが、そのチェンマイに日本人が経営している「フジヤ」というバーがあって、そこに毎日通っていました。

私は仕事が終わると、フジヤでビールを飲んで帰るというのを習慣にしていました。そこに例の恐いおじさんが毎日いるのは知っていたのですが、見るからにヤバそうなので、なるべく近づきたくないと思い、目も合わせずに遠くに座るようにしていました。

でもあるとき、私が日本人だとわかると突然、隣の席に来て、「お前、毎日来てるな」と声をかけられたのです。

驚いて、恐怖のあまり「はい」としか言えなかったのですが、すぐに逃げ出すわけにもいかず、腰抜け状態のまま、いろいろ質問をされる羽目《はめ》になりました。

チェンマイのバーのカウンターで、日本人の若造が毎日ビールを飲んでいたので、向こうも興味を持ったのでしょう。

当時はバックパッカーの最終地点がチェンマイだと言われていたほど、この地は魅力的で有名な町でした。いろいろなアジアの地域を廻って、最終的にここが一番いいよねって言われるのがチェンマイだったのです。

当時はチェンマイに日本人のバックパッカーがとても多かったので、「お前もバックパッカーの1人だろう。お前の人生それでいいのか？」と、説教を始めました。

おめえ、若えのに、何やってんだ⁉　と決めつけた感じで、そのときに、こう言われてハッとしたのです。

「お前、ツイてるか？」

それは面接時の松下幸之助さんの言葉だと知っていたので、「松下幸之助かよ！」と心の中でツッコミながら、恐くて何も言えませんでした。

でも、そのとき改めて考えたら、私は本当にツイてないなと思いました。

今、思い返せばすごくツイていたのですが、あのときは、自分自身は本当にツイてないとしか思えなかったのです。

「いや、僕はすごくツイてないですよ」

「ああ、そうだよな。もう顔見たらわかる！　お前、俺のテーブルにちょっと来い」

それはもう青天の霹靂《へきれき》、とても恐くて身震いがとまりません。

しかし、話を聞くとどうやら本当に何かを教えてくれようとしている様子でした。

そのときに、**ツキを呼ぶ〝3つのこと〟**を聞いたのです……。

【1つ目の教え⇩財布とお金を大切にする】

まず1つ目の教えを聞く際、その人から「お前の財布を見せろ」といきなり言われたときには、カツアゲされてしまうのかと恐れおののきました。

「財布はありません。持ってないです」

と、とっさにウソをつきました。すると、

「ウソつくんじゃねぇ！　お前、金持ってないのに飲めるわけねえだろう、さっさと出せ」

もう観念するしかなくなり、しぶしぶ財布を出しました。その人は、私の財布を手に取って中身を見るなり、フンッて鼻で笑って返してきました。そして、「やっぱりな」

とつぶやきました。

ここで財布を返してもらえたので、ああ、この人、カツアゲじゃないんだと安心したのですが、その人が何を指摘したかというと**財布の中が汚い**ということ。**お札の向きをそろえていない、レシートがいっぱい入っている**ということでした。

そのことが、金運を大きく下げているなんて知らなかったのです。学校の授業で財布の授業もないですし、誰も教えてくれないですから（学校にも運の授業が始まることを切望しています）。

当時の私の財布の中は、お札はしわくちゃで、向きもそろっていないし、レシートもたくさん入っていました。

「だいたい財布を見たらその人の金運がわかるんだ。お前は本当に金運がないよな」

「はい、ありません」

私は即答したものの、当時はけっこうお金持ちだと自分では思っていたのです。日本で次々に展開していた店舗も10店舗を超え、売り上げも順調で、チェンマイでスパも経営できていましたから、ほかの一般的な会社員よりははるかに収入があると自負していました。

でもそのときに、「いいえ、私は金運がありますよ」なんて言ったら何をされるかわからないので、素直に「はい、おっしゃる通り、金運なんてまったくありません！」と、きっぱり答えました。

すると、「そうだよな、お前の財布を見たらわかるよ」と言いながら、財布の話をしてくれたんです。

「大切にしたものからしか大切にしてもらえないっていうのを覚えておけ。お前は、お金や財布を大切にしてないだろう。財布っていうのはお金の家なんだよ、お金の家なのに、もしお前がお金だったらこの家に帰りたいと思うか？」

「いや、まったく帰りたいと思いません」

「そうだよな。お金には意志があるんだ。お金は自分でどこにいくか、お金自身が決めるんだ。だから金運がないやつっていうのは、だいたいお金を大切にしてないし財布も汚いし、とにかくだらしない」

そう言われて、まったくその通りだと思いました。このときの私は、収入は多かったかもしれないけれど、臨時出費がとても多かったのです。財布の汚さと臨時出費は直結しているのです。

だから、その人の言葉が本当に腑に落ちて、心に刺さったのです。そんなことは生まれて初めて聞いたので、本当にびっくりしたのを覚えています。

「お金っていうのはな、全部向きをそろえて入れろ。千円札、5千円札、1万円札……。まずお前は日本に帰ったら財布を買え。こんな汚ねぇ財布じゃ、お金帰ってこないよ。

1万円札だけは特別だから、1万円札だけは別の部屋に入れろ。千円と5千円は一緒でもいいから1万円札だけは特別扱いにしろ。そして、お金は寂しがり屋だからできるかぎりたくさんお金を財布に入れろ」

［2つ目の教え ⇩ 靴をそろえる］

次に投げかけられた質問がありました。

「お前は家に帰ったときに、玄関で靴をそろえているか？」

私は靴をそろえたことなんか1回もなく、いつも脱ぎっぱなしだったので即答でした。

「ありません」

「そうだよな。これからはどこへ行っても絶対にそろえろ。たとえば居酒屋でトイレに行ったとき、スリッパがいっぱいあるだろう。みんなが使ってバラバラになってる場合は、出るときにお前が毎回全部そろえろ。靴をそろえるから、お前に必要なものもそろってくるんだ」

それを聞くなり、なんでだよ、面倒くさいな、マジっすかって心で思いながらも、「もう絶対そろえます」と返事をしました（返事だけは上等!!）。

［３つ目の教え⇩椅子を戻す］

そして、３つ目の質問が、これでした。

「ファミレスや居酒屋に行って席を立ったとき、椅子《いす》を戻したことあるか」

それまでそんなことまったく気にしていなかったうえに、椅子を戻したことなんて一度もなかったと思います。我が家はずっと貧乏で狭い家で、ちゃぶ台を囲んで座ってご飯を食べるスタイルだったので、そもそも椅子に座る回数も少なかったはずです。

「椅子を戻したことなんてないです」

「そうだよな。だいたいツイてないやつはこの３つが誰もできてない。この３つができてなくて運気を上げろとかムリだ。お前、これ基本中の基本だから、まずこの３つだけやれ」

そう言われたのです。これら３つの話は私にとってはとても新鮮で、不思議と腑に落ちてワクワクしました。

これが運という存在を意識し出すきっかけでした。

それからチェンマイに行くたびに、その方から宇宙の法則を教えてもらいました。でも、当時の私には話が高度すぎてついていけなかったのです。そのときの私にはまだ、経験も浅く知識の土台がないので、エンジン全開で難しいことを言われてもほとんどその真意を理解することができなかったのです。

そんななかでも覚えている言葉があります。

それは、

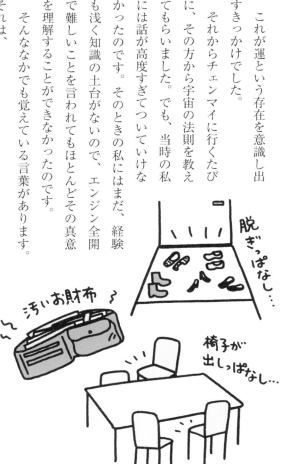

『魅《み》は与《よ》によって生じ、求《ぐ》によって滅《めっ》す』

という無能唱元《むのうしょうげん》の名言です。

とにかく人間っていうのは魅力が大切なんだということをずっと言ってくれていて、その方のテーマが魅力だったのか、いつもその話を語ってくれていたのを覚えています。

「魅力というのは人に与えることによって生じて、人から何かを求めることによって魅力がなくなってくるんだぞ」

という話です。そのときは意味が全然わかっていなかったと今では思います。具体的に、人に何を与えたらいいのかわからなかったし、求めてばかりいる自分が当たり前になっていたので、深くその話を掘り下げるような質問もできぬまま疎遠になってしまいました。

斎藤一人さんとの出会い「つやこ49　斎藤一人」

実際には、先述の3つの法則を実践しても、人生にまったく変化が訪れずにいました。運がよくなったという実感が皆無だった私は、気になって本屋に通い、宇宙の法則や自己啓発の本を読みあさる日が続きました。人生を変えていく知恵や方法を必死に探していたんだと思います。

そして、チェンマイでのあの出会いから5年後の35歳のとき、斎藤一人さんのCDを聞くことになります。それは当時、お世話になっていた税理士さんがくれたのですが、いただいてすぐに車のダッシュボードに入れたまま存在を忘れていました。しかし偶然に発見し、CDのタイトルを見てみると、

「つやこ49　斎藤一人」

と書いてありました。CDということは、音楽や歌が流れるものだと思い込んでいましたから、どんな演歌だろうと首をひねりながら、車の運転中にそのCDをかけてみたのです。出だしから拍手があって、いきなりおじさんが話し出してびっくり！　ふだんの私ならすぐにとめるのですが、たまたま運転中だったのでそのまま聞いていました。

するとこれが本当に面白くて、宇宙の法則をふんだんに盛り込んだ一人さんのギャグに笑いがとまらなくなり、斎藤一人さんにすっかりハマってしまいました。

そこからは、ひたすら斎藤一人さんのＣＤを聞くようになりました。

一人さんが繰り返し言っていたのが、

「言葉っていうのは大切だよ。すごく大切だから愛のある言葉をしゃべりなよ」

というお話。それを一人さんはいつもおっしゃるけれど、私はまだ実践できずにいました。


市販の一人さんの本をすべて読破し、付録のＣＤを全部聞いてしまってから、ヤフオクで『斎藤一人１００時間』という海賊版のＣＤを見つけて買ってしまいました。

それを聞いていたら、一人さんが、

「俺の話を聞くよりも、小林正観さんの本を読みなさい」

という話を何度もされていたので、今度は、小林正観さんの本を探して読んでみたいと思いました。

なかなか見つからなかったけれど、ある日アマゾンを検索したら出てきて即購入し、熟読をしました。

それは『宇宙を味方にする方程式』（致知出版社）という本でした。

小林正観さんとの出会いから運が開けてくる

それからの私は、たくさんの小林正観さんの本を読んで、正観さんの講演会にも参加するようになったのですが、理論も説明してくれるから、すごく納得して片っ端から実践していこうと思うようになりました。

私は35歳まで「ありがとう」という言葉を、あまり意識して周りに言ったことがありませんでした。だから、今では周りにとって本当にイヤな人だったと申し訳なく思います。

自分はずっと、何のために生きているのかということがまったくわからなかったのです。本当にすぐにでも死にたかったんです。だけど死ぬ勇気だけがなかった。勇気があったら死んでいたと思います。それくらい何をしても楽しくなかったのです。

でも、正観さんのところに行ったときにいろいろなことを教えてもらえて、それを実践していく中で、自分の人生が本当に豊かになっていったのです。正観さんのところに行って、たった1カ月で人生が変わってしまったのですから。

私は本当に切羽詰まっていました。自分は何のために生まれてきたのか、何をやり遂げるために生まれてきたのか、一番知りたかったのは、自分の使命でした。

自分の使命なんて普通、すぐにわかるものではないですよね。自分の「氏名」で知っているのは櫻庭露樹だけ（笑）。よく芸名ですかって言われますけど本名ですよ。

そのとき、正観さんが自分の使命がわかる方法を教えてくれたのです。それは「頼まれごと」にヒントがあるという話です。使命を知るためには、

「あなたじゃなきゃダメなんだ、あなたにしかできないんだ、あなただから頼むんだっていう頼まれごとをされて引き受けることです。あなたには頼まれごとがきますか」

そう言われたときに、私は今まで頼まれごとなんかされたことがないことに気がつきました。

あなたじゃなきゃダメだという頼まれごとなんて、今まで受けたことがあったでしょうか。別に誰だってかまわないような頼まれごとしかされたことがありません。

なので正観さんから「あなたに頼まれごとはきますか」と言われたときには、「まったくきません」と答えました。そのとき正観さんに言われたのは、なんと、

「それはあなたの顔が悪いからですよ」

というひと言。腹黒かった私はそれを言われたとき、喉《のど》まで出かかったのです。

「いや、私はあんたよりは格好いいよ。あんたよりは、マシだよ（笑）」

と。でも、そのときの「顔が悪い」というのは、不細工とかイケてないとかそんな意味ではなくて、

「あなたは頼みごとをしづらい顔をしている」

という意味だったのです。要するに、ブスッとしていて不機嫌そうだったということです。そのときに言われました。

「ではまず、頼まれごとをされやすい自分を演出してみてはどうでしょうか」


小林正観さんは、実践するためのアドバイスをすごくわかりやすく教えてくださいました。なるほど、それならやってみようかなと思わせてくれるのです。正観さんに師事して3年ぐらいご一緒させていただいて、1年半はべったり一緒について歩いていました。

「ブスッとしてるから頼まれごとがこないんですよ。いつも笑顔を心がけてごらんなさい。口から出る言葉を愛のある言葉でしゃべってください。笑顔でニコニコと口から出る言葉は否定的なことは1つも言わない。もうこれだけで3カ月後には、絶対あ

なたに頼まれごとがきますから」

こんなことを教えていただいたので、すぐに実践してみました。

当時の私は、本当に人生を変えたかったし、使命を知りたかったのです。いったい自分は何のために生まれてきたのかずっとわからなかったから、生きる価値なんてないって思っていました。

18歳までずっと継父から虐待されて育って、そこから社会に出て、どこの会社でも長続きできずにクビになって、人間関係もうまくいかず、つまらない毎日を過ごして……。いったい何のために生まれてきたんだろうっていうことをずっと思いながら生きていました。

けれど、正観さんは教えてくれました。

自分の使命を知るには、「頼まれごと」を引き受けること。その頼まれごとをされるためには、

●とにかく笑顔を心がけなさい

●口から出る言葉で否定的なことは絶対に言わない、肯定的な言葉をしゃべりな

さい

●あなたの口から「ありがとう」という言葉をもっと発していきなさい

この3つを言われたのです。さらに、

「もし自分の人生に奇跡を起こしたいのであれば、ありがとうを年齢×1万回言ってみたらどうですか」

ということも言われたのです。私はそのとき35歳でしたから、35万回のありがとうを言えばいいということです。それを正観さんから提案されたときに、「頭おかしいのかこの人!?」と思ったものです。

「ありがとうを35万回も言えるわけがねえだろ」

それがちょっと顔に出たんだと思います。この世に35万回もありがとうと言うバカがいますかという心の内が見えたのでしょう。そうしたら、正観さんは穏やかにこう言いました。

「ありがとうを口にするとき、感情は込めなくてもいいですよ。お風呂に入りながら、ご飯を食べながら、テレビを見ながら、何かをしながらでもいいから、ありがとうをたくさん言い続けたらいいですよ」

それならちょっとやってみようかと思いました。ありがとうを言ったら奇跡が起きるんだって言われたら、お金がかかるわけじゃないし、迷惑かけるわけでもないからと思って始めたんです。

やってみたら、1万回のありがとうを50分間で言えるようになっていました。野鳥の会のような銀のカウンターで数えたんです。ありがとうを1回言うごとにカシャカシャやって、いったい1万回になるのは何分かかるだろうと思ってやってみたら、50分間で達成!!

「早口で言ってもいい、感情も込めなくてもいい、ただ淡々とありがとうを言い続けたっていいですよ」

その言葉を信じて、3週間ぐらいで、ついに35万回のありがとうを言い切りました。続けて言わなきゃいけないなんてルールもないから、何でもいいからやってみたのです。

正観さんは年齢掛ける1万回のありがとうを言うことで奇跡が起きるよって言ったけれども、結局、何の奇跡もありませんでした。

それで、とうとう正観さんに文句を言いに行くことにしました。

正観さんのところに行って、「師匠、35万回ありがとうを言ったんですが、何の奇跡も起きないいんです」と堰《せき》を切ったように話したら、正観さんはこう言いました。

「櫻庭さん、それはグチですか」

しかしそのとき、正観さんはつけ足してこう聞きました。

「そういえば1つ言い忘れていました。この3週間の間にあなたはグチを1回も言っていませんか。この3週間、グチや泣き言、不平不満、心配ごと、妬《ねた》みごとを1回でも言ってないですか」

「あっ、たぶん言ってると思います」

「ひと言でもネガティブなことを言うと、カウンターはゼロになりますよ」

「正観さん、早く言ってくださいよ！」って、ツッコミを入れたいほど拍子抜けだったのですが、そこはぐっとこらえて「あっ、師匠そうなんですか！　わかりました」と言うしかありませんでした。

そのときに痛感したのは、グチや泣き言が運を下げるウェイトは、とてつもなく重いということです。たったひと言が、それほど自分の運に関係があるなんて初めて知りました。

どんなに「ありがとう」を積み上げても、たったひと言、グチを言うだけでゼロになってしまうのです。人間って気をつけていないと口からついグチを吐《は》いてしまう生き物なのです。

たとえ口からグチが出ていなくても、顔に出ているときもあるのです。ちなみに、顔に出すのもダメなのです。このルールはとても厳しいようで、ちょっとでも不機嫌な顔をしたらカウンターはゼロになってしまうのです。

㐅自分の口にする言葉が運命をつくっていく

私は、ちょうど正観さんと会ったときぐらいから、本当に何かに動かされていたというか、運が激変したという実感が強いです。正観さんのもとに行くと、類は友を呼ぶとはよく言ったもので、怪しいことが好きな人しかいませんでした。

世間的に普通な人や、いわゆる「まともな人」が1人もいないと思いました（笑）。みんな怪しいんです。その怪しい人たちがいろいろなものをすすめてくれるわけです。「この人の本はとてもいいよ」とか、「この著者の話はすごく面白かったよ」とか、多くの人がその手の本を紹介してくれて、本を読みあさっていました。あのときは、たぶん月に10冊ぐらいは読んでいたと思います。

そういえば、そのときに1年間ぐらいずっと鞄《かばん》に入れていた本があります。それは、至上最強のサイキッカーと言われていたエドガー・ケイシーについての著書でした。

この方は、催眠状態に入って寝ている彼に質問すると、別の誰かが答えてくれるというスタイルで文章がつづられていました。

『転生の秘密――超心理学が解明する　エドガー・ケイシー〈秘密〉シリーズ1』（ジナ・サーミナラ著、多賀瑛訳、たま出版）という本だったと思います。この本には本当に感動しました。予言者、心霊診断家のエドガー・ケイシーのところには毎日たくさんの人たちが人生相談に来るのですが、その本にはいくつかのリーディング内容が載っていました。

一例を挙げると、あるとき、小学5年生ぐらいの男の子のお母さんが人生相談に来て、「うちの息子は小学校5年生なんですが、夜尿症で必ずお漏《も》らしをします。なんとかなりませんでしょうか」

と、エドガー・ケイシーに質問する話があるのです。そこで彼は、「それは彼が前世において魔女狩りをしていたからです。霊能者らしき人を見つけると椅子に縛りつけて座らせて、前世の彼が池に落とす仕事をしていました。だからそのカルマが今生《こんじょう》においておねしょという形になって表れているのです」というような話をするのです。

それを聞いたお母さんが、「じゃあどうしたらいいんですか」と尋ねると、「これから彼が寝静まったときに、『あなたはあなたのままでいいのよ。あなたは素晴らしい人なのよ。お母さんはあなたのことをとても愛しているのよ』と言ってあげなさい」とケイシーは答えました。

それで彼の夜尿症は治るからと言われて、お母さんはさっそく、その日から息子に向かって、寝静まったときにそれを言うのです。そうしたら、本当にその日からおねしょがとまったそうです。

そういう事例がいっぱい載っているのです。さらにその中に、エドガー・ケイシーの忘れられないひと言がありました。

「人間というのは自分の口から出た言葉の集積である。だから人間というのは自分の

「吐いた言葉に必ず出会うだろう」

このひと言が本当に胸を打ちました。人間は、自分の吐いた言葉通りの人生を送っていく運命なんだと。

人のことを傷つけながら運を上げるというのは不可能だということなのです。自分の口にする言葉が運命をつくっていくのですから。それぐらい言葉には力があるのです。

そのときに、斎藤一人さんや小林正観さんがいつもおっしゃっていた、

「愛のある言葉を伝えなさい」

という意味も本当に腑に落ちたのです。

いろいろなことを自分が実践したなかで、ありがとうを35万回言ったときに、やっぱり途中でグチ、泣き言、不平不満、心配ごと、妬みごとを言ってしまっていたのです。もう二度と、絶対に言わないと、まずは決めることです。

エドガー・ケイシーが言うように、まさに、自分の人生は自分の口から出た言葉の

集積であるのです。自分の吐いた言葉にあなたは必ず出会うのです。たとえば今、バカ野郎って言ったら、もう1回バカ野郎って言いたくなる現象が降りかかってくるわけですね。

本当にその人の人生っていうのは、自分の吐いた言葉通りになるということをすごく実感した35歳の夏でした。私は、絶対に自分の口から出る言葉で否定的なことは言わないようにしようと心に誓いました。ありがとうをいくら言っても意味がなくなってしまうなんて本当にもったいないことです。

カウンターがゼロになったら、どんなに徳を積んでも意味がないとしたら、何のためにやっているのかわからないですよね。

そう心に決めて3週間ぐらいした頃、ありがとうをまた35万回言うことに成功しました。

そのときの私の記憶だと、10万回ぐらい言ったときに奇跡が起きたのです。この奇跡が起きたことによって私は、本当に宇宙には法則があるんだって実感したわけです。

これはほかの誰でもない、私には奇跡以外の何ものでもないと思える体験でした。

長年悩んでいた不眠症が治った奇跡

私は24歳で独立してお店を出して、3年後の27歳のときに、精神が病んでしまっていました。

1300万円という多額の借金を背負ってお店を出したのに、まったくお客さんが来ない。自分なりに工夫をして朝から夜中まで働いているのに、待てど暮らせど、まったくお店の売り上げが上がらなくて、もう死ぬしかないかなと思うくらい追い詰められていました。

当時は結婚したばかりで、奥さんのお腹には赤ちゃんがいて、お父さんになる私は頑張らなきゃいけないのに頑張り方がわからなかったのです。どうしていいかわからないまま時が過ぎていくなかで、売れている店舗に視察に行った際にご縁をいただいた方に助けてもらい、なんとか売り上げが安定していきました。

しかし、そこから1年に1店舗ずつお店を増やしていったのですが、4店舗目の新規出店になったときに、もうやりたくなくなってしまったのです。新しくお店を1つ出すのは本当に大変で、寿命を削《けず》られるような気がしたのです。

3店舗目までは自分で物件や場所を探して出店したのですが、4店舗目からは自分の意志ではなくて、頑張っているスタッフの新店舗で看板を背負いたいという夢を叶えてあげるためにと、ムリをして出店していました。

私が毎年お店を出しているのを見ているから、スタッフたちはきっと来年またお店を出すだろうと思うのです。そうすると士気の高い優秀なスタッフが、「新しい店舗の店長を自分にやらせてください」と必ず言ってくるのです。

でも、当時のそのお店の業種には、明るい未来がまったく見えなかったのです。このままいっても必ず働いている人たちが路頭に迷うだろうなと心配していました。

スタッフたちは、結婚して子どももできてくるし、どうしたらいいんだろう、責任重大だと思っていました。なんとか彼らに明るい未来を見せてあげなきゃいけないけれど、自分の中では会社の売り上げが今がピークというのがわかっているのです。

ここからは、絶対に衰退していくだろうと。

たとえば、自分の会社がビデオテープ屋さんだったとすると、時代はＤＶＤになっていくわけです。そうしたらビデオテープ屋さんを経営している人が、いずれ必ずＤＶＤが発売され流行《はや》っていくのを知ったときに、自分は絶対ここから先は食べていけないなっていうのがわかるのです。

そんな感じで、ここから先どうやって生きていったらいいんだろうとすごく悩んでいました。スタッフもどんどん増えて、気がついたら社員が50人ぐらいの規模になっていました。

仕事の忙しさとそんな悩みが重なって、気持ちはふさぎ込み、夜は眠れないのが当たり前になりました。

そのときテレビで、自分とまったく同じ症状を説明しているのをたまたま耳にして、「これがウツだ」と言っているのです。そのときに初めて、私はウツなんだと思いました。このままではまずいということで、ちょっと病院に行って相談してみようと、生まれて初めて精神科に行きました。

「すみません、どうやら僕はウツのような症状なのですが……」

「櫻庭さんね、ウツの人は自分でウツとは言わないから、あなたはウツじゃないですよ」

しかし、それから私は夜にますます寝られなくなってしまいました。ずっと睡眠薬を飲んでムリに目をつぶって朝を迎えていたのです。睡眠薬はたぶん7年くらい飲んでいたと思います。

29歳から35歳まで、ずっと睡眠薬を飲まないと寝られない毎日。薬を飲むのはよくないということは誰だってわかっています。何回も断薬にチャレンジするのですがやめられませんでした。結局、飲まないと寝られないと自分の中であきらめていたのだと思います。

自分はもう、一生、睡眠薬を手離せないのかもしれないと思い込んで7年間を過ごしてきたのです。何回も、薬を少しずつ減らしていって、飲まなくてもぐっすり寝られるようにしたいと思って試したのですが、やはりムリでした。

そんななか、正観さんに出会い、ありがとうを35万回唱え、ありがとうと何度も繰り返しているうちに、気がついたら睡眠薬を飲まなくても寝られるようになっていたんです。

これは私の中で奇跡以外の何ものでもなかったのです。

あんなに眠れなかったのに、毎晩気がついたら寝てしまっているのですから。

そのことに、私はすごく感動しました。本当にそれは自分の中ではすごい驚きで、「まさしく、これが奇跡だ」と思うわけです。

それに味を占めたのか、もっと奇跡を起こしてみたくなり、師匠の言うことは全部実践しようと心に決めました。本当に宇宙には法則があって、この法則に適《かな》った行動をしていたら、奇跡がいっぱいの人生になっていくのだなというのをそのときに痛感しました。絶対に間違いがないと、身をもって実感したのです。

「運が上がって神様に愛されると、人生の目に見える景色が変わり、想定外の世界になるよ」とよく師匠が言っていました。

「人生で人間として生まれてきたなかで一番楽しいのは、想定外の世界を生きることだ」

と。奇跡を体験するまでは、言われている意味がよくわかりませんでした。一般的な生活をしていたら、想定外なことなんてなかなかないのです。それぞれの方が自分の生活習慣、ルーティンの中で生活していくのですが、決まり切った日常に想定外というのは歓迎されないし、そもそも起こることはまずないでしょう。

しかし私は、人生をどうしても変えたかったので、本当にあるならば、想定外の人生を体験してみたかったんです。それが本当に自分にもくるのかなって不安でもありました。

でも本当に面白いことに、その想定外の世界が、たった2カ月で（4月に正観さんと出会って、6月には）、もう想定外の世界に生きている自分に気づくことになりました。

さらに、使命が知りたいなら「頼まれごとだ」とずっと言われていたので、自分にも頼まれごとが欲しいがゆえに、教えていただいたことを一生懸命実践していくしか道がありませんでした。

頼まれごとがないかなと思っていたときに、最初に頼まれたことが、「ちょっとしゃべってくれませんか」という内容でした。

そう言えば、初めて会ったときに、正観さんは私を見るなりこう言いました。

「あなたは噺家《はなしか》になったほうがいいですよ。あなたは落語の世界にいっていたら売れていたかもしれませんね」

そのときにはまったく落語をやりたいなんて思ったこともなかったので、本当にびっくりしたし、すごくうれしくもありました。

そして人前で、インドまで「アガスティアの葉」を見に行ったときのことを話したときに、お客さんが喜んでくれたのも感動しました。面白いのは、そのときに私の話を聞いた人が「その話、うちでもしてくれませんか」と頼んできました。そして、数珠《じゅず》つなぎにお願いされていきました。それにはとてもびっくりしました。

自分がまさか人様に頼まれて何かを話すとか、人前に出るのも初めてだったものですから……。正観さんに言われていたのは、

郵 便 は が き

料金受取人払郵便

牛込局承認

8036

差出有効期限
令和5年5月
31日まで

162-8790

東京都新宿区揚場町2-18
白宝ビル5F

フォレスト出版株式会社
愛読者カード係

フリガナ お名前	年齢　　　歳 性別（ 男・女 ）
ご住所　〒 ☎　（　　　）　FAX　（　　　）	
ご職業	役職
ご勤務先または学校名	
Eメールアドレス メールによる新刊案内をお送り致します。ご希望されない場合は空欄のままで結構です。	

フォレスト出版の情報はhttp://www.forestpub.co.jpまで!

フォレスト出版　愛読者カード

ご購読ありがとうございます。今後の出版物の資料とさせていただきますので、下記の設問にお答えください。ご協力をお願い申し上げます。

●ご購入図書名　「　　　　　　　　　　　　　」

●お買い上げ書店名「　　　　　　　　　　　　」書店

●お買い求めの動機は?

1. 著者が好きだから　2. タイトルが気に入って
3. 装丁がよかったから　4. 人にすすめられて
5. 新聞・雑誌の広告で（掲載誌誌名　　　　　）
6. その他（　　　　　）

●ご購読されている新聞・雑誌・Webサイトは?

（　　　　　　　　　　　　）

●よく利用するSNSは?（複数回答可）

☐ Facebook　☐ Twitter　☐ LINE　☐ その他（　　　）

●お読みになりたい著者、テーマ等を具体的にお聞かせください。

（　　　　　　　　　　　　）

●本書についてのご意見・ご感想をお聞かせください。

●ご意見・ご感想をWebサイト・広告等に掲載させていただいてもよろしいでしょうか?

☐ YES　☐ NO　☐ 匿名であればYES

「頼まれごとというのは、初めはお金にならないものです。初めはお金にはならないのだけれども、それを繰り返していくうちに、だんだんだんだんお金がもらえるようになります」

だから当時の私は、お話会などを頼まれても、お金をくださいなんて思ったこともないし、電車賃も全部自腹で行っていたけれども、それは、**頼まれごとは「試されごと」だから、その頼まれごとの先に自分の使命が待っている**という正観さんの教えを人体実験していたのです。

きっとこれをやり続けていたら、絶対に自分の使命にたどり着けると思っていたのです。

でもそのときの私は、まだ話すことが使命だなんて思っていませんでした。きっとその先に何かあるだろうと思っただけ。ただその頼まれごとをこなすと自分が心地がよく、そして相手も喜んでくれるから、頼まれたらお受けして続けてみようと思っただけです。

私が初めてお金をいただけるようになったのは、半年ぐらい経ってからでした。

「ただで来てもらうのは申し訳ないから、じゃあ1人500円もらうね」

そう言われて10人の方が来てくれて５０００円いただいたのが、初めてもらったお金でした。

そしてその後、本当に師匠の言う通りになりました。

「頼まれごとは初めはお金にならない。けれど、それが本当に使命なのであれば、関係ないところから同じような頼まれごとが絶対にくるようになる」

それが今まで続いて、こうして本を出版させていただいているのです。

これがまさしく想定外の世界なのです。

第1章

運がよくなるために、実践することが大切な理由

⊠運は目に見えないからこそ行動するしかない

「運」は目には見えませんが、確実に存在しています。

それは多くの科学者や世に言う成功者たちが、きちんと証明している根拠のある事実です。しかし、この運の存在を知っているだけでは何の役にも立ちません。

その性質を知って、自ら積極的に運をよくしていくことが大切です。

ポイントは、その過程でいかに理に適った実践をし続けるか、つまり「実践学」と言っていいでしょう。

「運＝実践学」

この実践学の中で、具体的にどんなことをしていくのか、何を習慣にしていくのかが、運をよくする要《かなめ》となります。

人生は繰り返したもの勝ちなのですが、繰り返し実践しないと絶対に習慣にはなりません。何をどう繰り返していくのかということを知っておく必要があります。

運というものは、目には見えないけれど絶対に存在する。
それを実践することによって、運を確実にアップさせることができる。

言い換えれば、運をよくすることは**「技術」**なのです。

運は待っているだけでは絶対によくならない

運がよくなる最大の方法は、「運がよくなる方法を実践すること、そして、その方法は技術である」と言いましたが、それは私が、この世界の研究を15年してきてわかったことです。多くの成功者のそばで、運がいい人は何をやっているのかを見て、それを私自身が実践してきて体得した結果、その**「方法（＝型）」**を発見してきました。

ですから、型通りに実践していけば運は絶対によくなっていくと言っても間違いないでしょう。

しかし、型通りにやっても運がよくならない人がいます。

それは、絶対的に〝何か〟が間違っているためにうまくいかないだけです。

そうであるならば、その何かを自分の中で修正していけばいいのです。自ら積極的に運を上げにかからなければ、絶対に運はよくなりません。しかし、ほとんどの人が「運がよくなるまで待つ」という姿勢でいるために、まったく変わらないままの人生を送っています。

かつての私自身がそうでしたから、すごくよくわかるのです。

かつての私は、本当に切羽詰まっていて、藁をもつかむ思いで小林正観さんのところに駆け込み、教えを乞うていましたから。

どんなにいいことを知っていても、何ごとも実践しなければ意味がない。そのことは正観さんの「ありがとうを言う」から始まり、本当にいろいろなことを教わり、その通りにしてきた結果、たどり着いた答えです。

正観さんに「運の性質」を教えていただき、それを理解したあとには、とにかく行動する以外、自分の人生を変えることは絶対にできないということに気がついたのです。そして、教えていただいたことを実践していくなかで、私の人生は本当に豊かになっていきました。

35年間、つらいことが多く、不平不満ばかりで、世の中をどこか呪《のろ》っていた私が、本気でやるんだと覚悟を決めて、たった2カ月で人生が変わってしまいました。

今になって思うと、当時の私は人生にかなり切羽詰まっていて、とにかく教えていただいたことを素直にすべて自然に実践していったからよかったのかもしれません。

アホみたいにひたすらやるしかなかったのが、逆に功を奏したのだと思います。

⊠運は楽しく、ワクワク実践した人のところにやってくる

ただ、私は必死に実践してきましたが、この本を手に取っていただいたあなたには、運がよくなる方法を、とにかく楽しんで、ワクワクしながら素直な気持ちで実践してほしいと思っています。「これ、面白そうだからやってみよう」といった、軽い気持ちで始めてもかまいません。

というのも、私のところには、毎日たくさんの方が人生相談にやって来ますが、開運のアドバイスをいくら熱心に伝えても、実践しない人はまったくやらないままフェードアウトしてしまうからです。

そこで、行動する人としない人との違いは何だろうと考えてみると、やらない人は2通りあることに気づきました。

1つ目は、かつての私のように**人生に切羽詰まっていない人**です。

そういう人は、「何となく人生を変えたいなあ」と、私のところに来てグチを聞いてもらって共感してもらいたいだけなのかもしれません。本気で困っていないのです。

人生に切羽詰まっている人は、ほかに選択肢を考えたり、根拠を思案したりしている暇はないので、本気で行動します。そういう人は、どんどん人生を変え、願ってもみなかったような結果（奇跡？）にたどり着いたといううれしい報告をいただくこともあります。

2つ目は、**素直に実践しない人**です。

これは楽しく実践しない、ワクワクして実践しない人と言い換えてもいいかもしれません。

そもそも運をよくしたいという願いから実践するのですから、ワクワクした気持ちで実践しないことには何ごともいい方向へは進みません。深刻さは神様も嫌います。もともと神様は遊ぶことが大好きですから。

ですから、楽しそうに実践している人に神様は興味を示します。

以上が、運をよくするためには、実践することが大切だという理由です。

私自身が実証し、運がいい多くの人たちがやってきた、具体的な「運がよくなる方法」を、あなたにもぜひ実践していただき、その効力を実感してみてください。

あなたの運がよくなっていくたびに、あなたはこの宇宙の法則の真価に圧倒され、納得するしかなくなるでしょう。

それでは次の章から、その具体的な方法を公開していきましょう。

第2章

誰でもすぐに始められる「金運」を引き寄せる方法

⊠宇宙にある「コスモスバンク」と「コスモスローン」

この宇宙には「宇宙銀行」というものが存在していて、その銀行には**「コスモスバンク」**と**「コスモスローン」**という2つがあります。

コスモスバンクには、あなたの貯金残高があり、それは「人のためにどれだけお金を使ったか」「人のためにどれだけ汗を流したか」「人のために何かをしてあげたか」でお金のエネルギーがどんどん貯まっていきます。

コスモスバンクは、人のために使ったお金だけではなく、人のために何かをしてあげたときにもエネルギーとして貯まっていきます。**お金＝エネルギー**だからです。

逆にコスモスローンは、「人に何かおごってもらった」「人に何かプレゼントをもらった」「人に何かしてもらった」「人に迷惑をかけた」ときに、エネルギーが借入残高としてどんどん貯まっていきます。ローン会社にお金を借りているのと同じ。ですから、金運がいい、金運が悪いというのは、**コスモスバンクの貯金残高とコスモスローンの借入残高のどちらが多いか**で決まります。

言い換えれば、その人の金運はエネルギーの量の多さで決まるということです。

コスモスバンク貯金残高とコスモスローンの借入残高を比べて、残高の大きいほうがその人の運になっていきます。

しかし、コスモスローンのほうが残高の多い人が大半なのです。

人からおごってもらう、ご馳走してもらう、プレゼントをいただく……。こんなことに命を懸けている人たちもいます。

自分の財布からお金が出ることを異常に嫌うのです。

こういう人たちは、コスモスローンからどんどんお金を借りていることになります。ですから、ローンばかりしている人に待ち受けているのがひどい顛末《てんまつ》、いわゆる**臨時出費**が多くなります。

自分の身に起こることはすべてメッセージとして、意味がないものはありません。

臨時出費があったときに「なんで……私の人生、臨時出費ばっかり」と悲観的

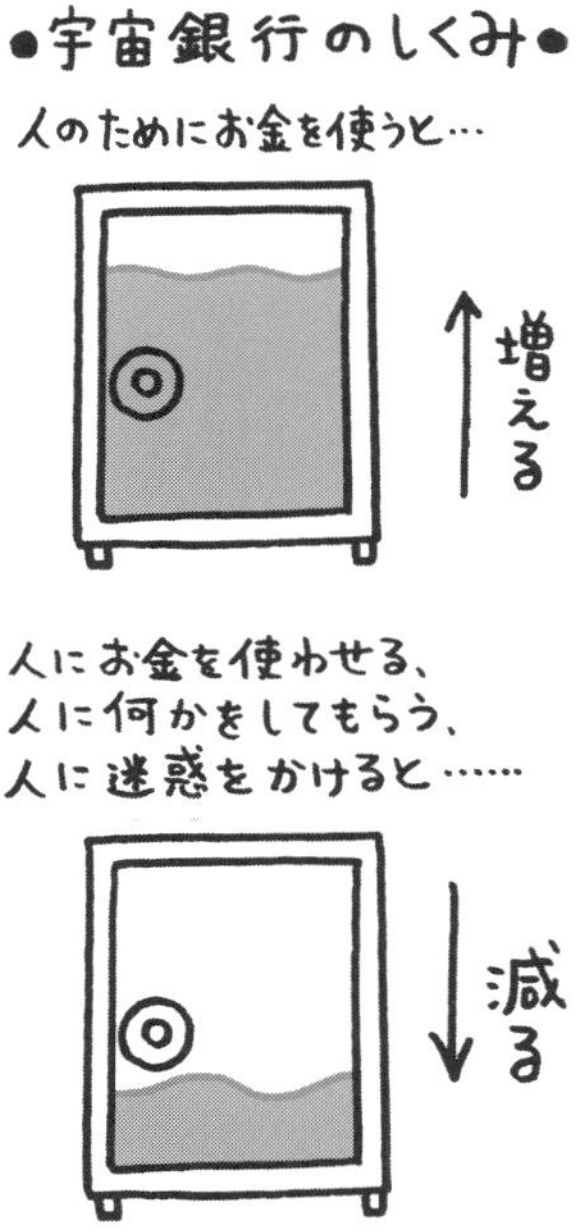
●宇宙銀行のしくみ●
人のためにお金を使うと…
増える
人にお金を使わせる、
人に何かをしてもらう、
人に迷惑をかけると……
減る

に思うだけで、その意味を考えない人が多いのです。

臨時出費に気づかない人は、病気というかたちでお知らせがくる場合もあるのです。

⑳臨時収入はお試しごと。10分の1を人のために使う

臨時収入があったとき、一般的にはただそれを喜んで自分のために使ってしまう人が多いと思います。

しかし、お金はエネルギーであり、この臨時収入こそお金の使い方を試されているリトマス試験紙であると言えます。

ここで言う臨時収入とは、自分の労働や功績に関係がないのに手に入ってきたお金です。親や家族からの遺産相続、誰かからもらったお金、たまたま当たった投資案件で得たお金などのことを言います。

そんな臨時収入があったときに、宇宙銀行は一番目を光らせ、あなたの行動を詳《つまび》らかに見ています。

そこであなたがそのお金を手にしたときに、どんな行動や思考をもって、誰のために何のために使うのか。

それは、あなたの腕の見せどころでもあるのです。

なぜならば、その使い方次第で、その後の金運が大きく変わってくるのです。

どんな小さな臨時収入であっても、宇宙は律儀な無限大返し。世界のどんなオイシイ投資案件より、利息がついて、必ず自分に返ってきます。

なぜならそれは、宇宙の法則をつかさどる神様が応援してくれるから。

宇宙の法則に適った行動は、あなたのお金の流れがよくなる現象をもたらしてくれるのです。

コスモスバンクの貯金は、お金を使うことだけで貯まるのではありません。

誰かのために何かをしてあげること、誰かを応援し助けてあげることなど、善なる行動、そのエネルギーの積み重ねが、あなたの宇宙銀行口座に財を蓄えていくことにつながります。

今までそんなことを考えたこともないし、半信半疑だと思う人がいるかもしれません。

しかし、**この宇宙法則は絶対**です。

その金額が大きければ大きいほどに、面白い現象があなたに降りかかります。

実際に、金運に恵まれている多くの方が、この法則を使いこなしているからです。

世の人格者、成功者は、もはやそれが当たり前すぎて習慣を通り越して、無意識にやっていることでもあります。

人生で一度くらいは清水の舞台から飛び降りる気持ちで、実践してみてはいかがでしょうか？

臨時収入は自分のものだと思ってはいけない

臨時収入があると、多くの人はそれを自分のものだと勘違いしてしまいます。しかし、あくまでも臨時の収入であって、どんな使い方をするかを試されているのです。

私は講演などでいつも「金運を上げるならトイレ掃除、家の床面積を広げると臨時収入が入ってくる」と言っているのですが、本当に臨時収入が入っても、みんな自分のものだと勘違いしています。

「トイレ掃除したら本当に臨時収入が入ってきた」

「床面積広げたら本当に臨時収入がきました」

と、たしかにうれしい声をいただきます。

しかし結局、臨時収入というのはすべて試されごと。たとえば、あなたに5万円の臨時収入が入ってきたとします。この5万円は、宇宙があなたに一時的に預けているのですが、これを何のために使うのかを試されているのです。

「臨時収入5万円入りましたー。今から家族で叙々苑に行ってきます！　いつもは頼まない上ロースいっちゃいまーす」と、SNSなどに写真が載っていたりするわけですけど、私は「ちょっと違うんだよな」と思ってしまいます。

さて、お金に関しては、本当に面白い話がたくさんあります。

その最たる例として、宝くじが一番わかりやすいでしょう。高額宝くじが当たった人の9割が絶対不幸になるという統計が出ているのです。

たしかに夢を買うなどと言ったりしますが、本当に高額当選したら9割の人が不幸になるんです。どっちに転んでも不幸というやつです。

高額宝くじが当たった人はみずほ銀行のＶＩＰルームに連れて行かれるのですが、そこで延々とお金の話を聞かされます。何でかというと、みずほ銀行の行員はみんな知っているからです。高額宝くじが当たった人はみんな不幸になるってことを……。だから、その人が不幸にならないようにお金の話をするのですが、たぶん話す人の説得力がないのだと思います。ですから、いつかみずほ銀行で説得する係を私にやらせてほしいと、真面目に考えています（笑）。

アメリカはもっとひどい。アメリカの宝くじは日本の宝くじとケタが1つ違って、1等60億円とか、びっくりするくらいの金額です（日本も1等10億円になっていますが）。

あの国は統計学が大好きなお国柄ですから、よく検証番組をやっています。「10億円以上当たった人の1年後」という番組です。

どうなっていたと思いますか。

やはり、面白いもので9割の人が不幸になっていました。

そのうちの2人は亡くなっていました。2、3人は刑務所に入っていました。ほか自己破産したという人もいました。

しかし、その番組で1人だけ不幸になっていなかった人がいました。それはおじいさんおばあさんの老夫婦。この老夫婦は、宝くじが当たった次の日も畑を耕していたそうで、結局生活が変わらない人は不幸を免れるということです。

話を戻しますが、お金は使い方が大事ですから、臨時収入ひとつとっても、その入ってきたお金を全額自分のために使うのはもったいない。その中の何割かを誰かのために使うということを知っておいていただきたいのです。

臨時収入は、宇宙からの試されごとですから、「あっ、これは誰のために使おうかな？」とまずは考えます。そうすると、お金のエネルギーの流れが変わります。

そこで、運がよくなる最低限のルールが存在します。

【お金の流れを変える10％ルール】

たとえば、給料が20万円の人だったら、そのうちの10％の2万円を誰かのために使うということです。

世の中の大富豪たちは、この10％ルールを守っていない人がいません。私の周りにいる成功者たちも、このルールは絶対に守っています。彼らは、**「自分のところに入ってきたお金の10％以上は誰かのために使う」**と決めているのです。

私は「神様財布」というもう1つの財布を持ってみてはどうかと、多くの人に提案しています。

たとえば、20万円をもらいました。そうしたら、その2万円をもう1つの財布の中に入れておくわけです。この財布の中に入った2万円は、次の給料が入ってくるまでに、誰かを喜ばすために使わなければならないと自分のルールにしてしまうのです。

次の給料が入ったら、またそこに2万円足していき、もし臨時収入が入ってきたら、その臨時収入の10％も神様財布に追加する。臨時収入が5万円あったら5000円は神様財布に入れてしまうのです。

そして、また次の給料が入るまでには全部使い切る。こういうふうにしていくと、お金の流れが本当に変わってきます。

このことを教えたある女性は、神様財布を実践するようになってから、田園調布に億ションを買いました。いつも「櫻庭さんのおかげです」と感謝されるので、「その

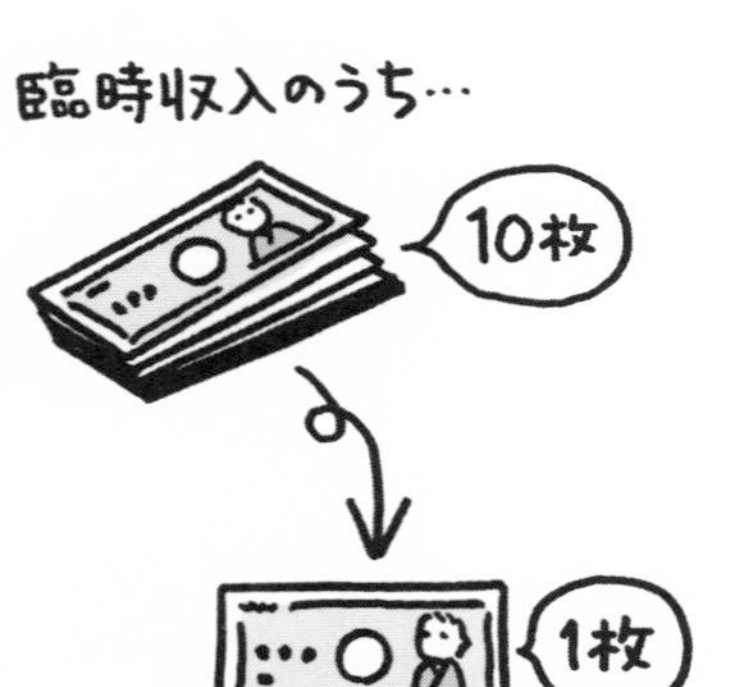
臨時収入のうち…
10枚
1枚
1割を人のために使う

うちの10％は、僕のスイスの銀行の口座に振り込んでね」と言って口座番号を渡してありますが、いまだに振り込まれたことはありません（笑）。

さらに強力にお金の流れを変える方法があるので、つけ加えておきます。臨時収入があったときに、**1回ぐらいはすべてをスルーしてみること**です。

たとえば5万円の臨時収入が入ってきたら、それをスルーして、誰かを喜ばせるために全部使ってみるのです。

格好いいでしょう。このことを私に教えてくれた人がいたのですが、その人は臨時収入をすべてスルーしていました。やっぱりその人のお金の流れはまったく違いました。

「臨時出費はあなたのこれまでの金運の相殺作業」

あなたに臨時出費が降りかかる際には、コスモスローンの負債を意識すると対処法がわかってきます。

予期せぬ臨時出費に対して、なぜ出費してしまったかと原因究明をしすぎたり、いつまでもグチを言い続けたりする人がいますが、臨時出費を受け入れられずにグチばかり言っていると、さらに不幸の連鎖につながって臨時出費が止まらなくなることもあります。

そういう人は、**なぜ自分のところに臨時出費がきているのか**ということを考える必要があります。

要するに、臨時出費が起きるときというのは、絶対的にコスモスローンの借り入れが多すぎるということです。ローン会社には返すことが前提ですから、これは完全な警告、コスモスローンからもれなく督促状《とくそく》がきます。

人には時として必ず大きな臨時出費があるものです。

たとえば、車を運転していて、前の車から飛び石が飛んできてフロントガラスにヒビが入るということがあったりします。犯人は前の車を運転している人だとわかっているのに、何も文句が言えません。

こうした修理の出費に「なんで、私ばっかりこんなめに……」と思うのではなく、「自分は人に喜ばれていないんだな」と、**素直に宇宙の調整を受け入れる**ことです。

私は昔、忘れもしない新大阪の駅のホームで新手の詐欺にあったことがありました。スーツケースを引きずりながら歩いていたら、ホームに立っている人が、いきなり私の左肩にスマホをぶつけてきたのです。

当然、その人のスマホは地面に落ちるわけです。見ると液晶画面が割れていて、「おめえのせいで画面割れたじゃねえか、弁償しろ、この野郎！」とまくし立て因縁をつけられたのです。でも、完全に初めから画面が割れているのがわかる。誰かにぶつけたことにして弁償させようとしているわけです。

こんな場合、100人が100人、文句を言うはずです。

でも、私はそのとき、こういうときは波動が合ってる人としか絶対にぶつからない、だから犯人は私を選んだ。犯人と波動が合わないと、私は選ばれなかったはずだと思ったのです。

そのときに、私は犯人に腹が立つよりも自分に腹が立ったわけです。

「こんな波動の低い人に波動共鳴し、自分が選ばれた」ということがショックでした。彼の目の前を何人もの人が通るわけです、そのなかから自分がチョイスされたのです。おそらく私は、機嫌の悪さを宇宙に投げかけていたはずなのです。

すべては周波数、宇宙に投げかけた機嫌の悪さが招いた事件でした。

私はみなさんに運を伝える立場ですから、さまざまな出来事を通してメッセージがくると考えています。だから、すべては体験ということで、結局1万7000円で弁償しました。

臨時出費として1万7000円が出ていくということは、1万7000円分、私が人に迷惑をかけていたというメッセージだと受け取ることで、その意味を知るのです。

臨時出費にグチや文句を言ったところで、人生は何も変わりません。あなたも宇宙からのメッセージに気づいて、**「臨時出費は宇宙（コスモスローン）からのメッセージ」**と、何の意味かを考えることをおすすめします。

⊠金運を引き寄せる「お財布の法則」

ここまでお金に対する考え方、流れを変えるお金の使い方について解説してきましたが、それを踏まえたうえで、お金を増やす方法についてお話ししましょう。

以下に説明する方法は、私が実際に実験したものですし、大富豪のお財布をたくさん見てきたなかで、彼らのお財布の共通項から導き出された方法です。つまり、すべて運がいい人たちから学んだことです。かなり段階がありますが、まずは試してみようと思ったことから始めてもかまいません。

〔実践！「お財布の法則」〕

❶買い換えるタイミング

お財布の消費期限は1年間です。財布は「お金の家」です。またこの家に戻ってきたいとお金に思ってもらわないといけません。お財布は常に美しい状態を保つ努力が必要で、その期限は1年。

ちなみに大富豪たちのお財布はピカピカ。全員が長財布だったことは言うまでもありません。

❷お財布を使う前にお札を入れて寝かせ、毎年1月15日から真新しいお財布でスタートする

お財布を新しく購入した際にするべき儀式です。

1月1日から1月14日までの2週間、お財布を家の北側に安置します。なぜなら、1月1日から14日の2週間、北から南へと強烈な金運が流れているからです。そのお財布には、できるだけたくさんの1万円札（できれば新券、帯のつい

た100万円単位が好ましい）を挟んでおくと金運が上昇します。100万円なんてないという人がいましたが、私のアドバイスで1月1日から14日まで金融機関からお金を借りて、100万円を入れてお財布を置いたという強者《こわもの》もいました（笑）。そこまでしなくてもいいですからね。

❸ 伽羅《きゃら》のお香をお財布に入れておく

運気と匂いには密接な関係があります。とくにお金は伽羅の匂いを好み、伽羅の匂い袋をお札の間に入れておくと、紙であるお札には匂いが染み、いい匂いがするので、自然とお金が引き寄せられ、お財布にお金が集まります。

私は銀座香十《こうじゅう》の伽羅の匂い袋を1万円札の間に入れています。月に一度取り換えています。

❹ 金運を引き寄せる100万円の帯封《おびふう》

帯封とは、札束や書類などを束ねているテープ状（帯状）の紙のことです。

万札を束ねているこの紙には、とても強いお金のパワーが入っています。この帯封を切らない状態でお財布に入れておくだけで、そのパワーにあやかってお財布に金運が宿ります。

❺小銭を洗う

小銭を洗うというのは聞いたことがある人もいるのではないでしょうか。有名なのは、鎌倉にある銭洗い弁天（銭洗弁財天宇賀福神社）でしょう。多くの人が参拝しますが、実は銭洗い弁天で小銭を洗う意味は、臨時収入のところで説明したことと同じなのです。

洗った小銭を大事にお財布にしまっておくのではなく、「人のために使いなさい。そうすれば金運がやってきますよ」というものなのです。神社の神主さんに聞けば、必ずそうおっしゃいますよ。

さて、小銭の洗い方ですが、重曹とクエン酸を溶かした水に小銭を入れて、100円均一などで売っている四角いスポンジでこすると汚れがよく落ちます。

❻お札にアイロンをかける

多くのお店が立ち並ぶ「お弁当ストリート」で、何の変哲もないお弁当屋さんが大繁盛しています。その秘密はお金を大切にしていること。毎日小銭を磨き、お札にアイロンをかけることだったのです。
このお話はかなり参考になりますので、のちほどお伝えします。

❼ユダヤの秘法。体内とお財布には金を入れる

ユダヤの大富豪が、金運が高い人の共通項を徹底的に調べさせた結果、体内の金の含有率の高さと密接な関係があることがわかりました。

このことを踏まえて、金箔を食したり、お財布に金箔の束を入れたりすることを習慣とする大富豪もいます。

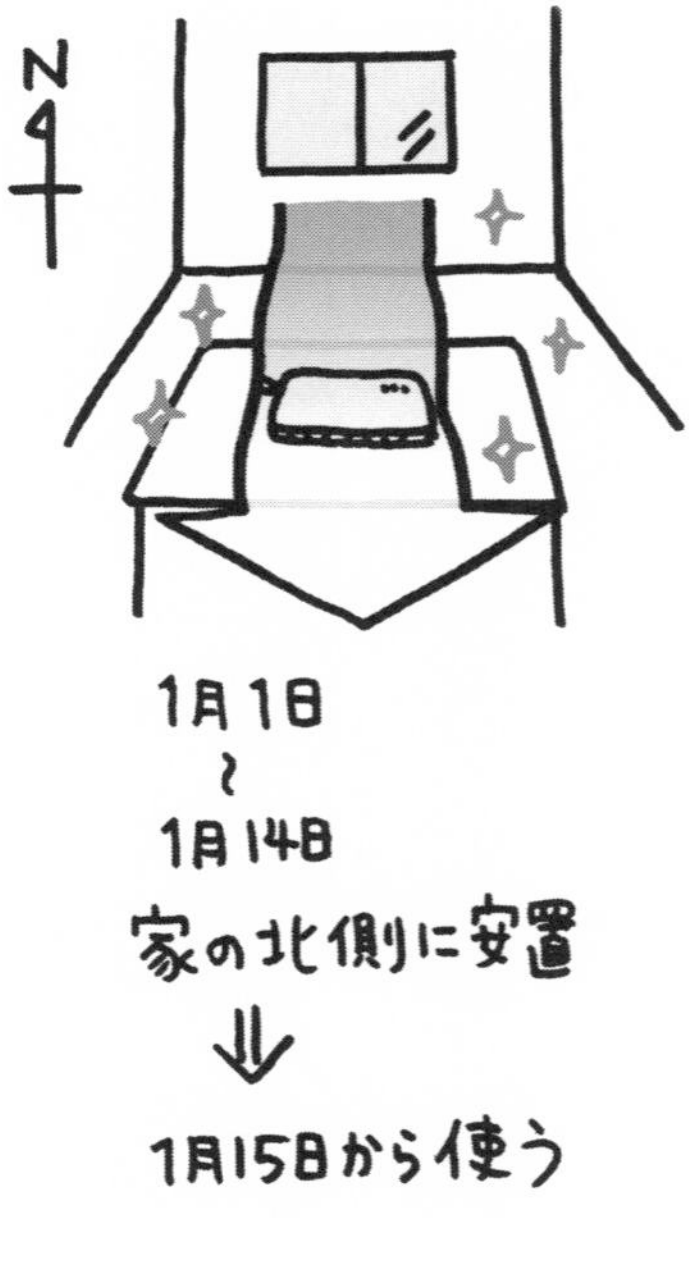

以上、何やら怪しげなものもありますが、これらの実践（行動）は、宇宙の法則を体感してみるよい機会だと思って、楽しんでやってみてください。

何ごともそうですが、**大切にしたモノからしか大切にしてもらえない**のです。

モノには魂が宿る、お金もしかりです。

お金を大切にしていると、世の中のお金ファミリーのみんなに、あなたのよい噂《うわさ》が広まって、お金に好かれお金が集まる人になります。

自分のお財布に縁あってやってきたお金を大切にすることを習慣にしてください。

それが習慣になったとき、金運が上がっていることを実感できるはずです。

⊠知っておきたいお財布の取扱説明書

お財布というのは本当に**「お金の家」**なので、お財布をいかに美しい状態にしておくかということが大切なポイントになります。

その家がきれいになっていないと、お金は当然入りたくないわけです。実際にお金には意志があり、お金は自分の意志で行きたいところに行くので、汚いお財布よりきれいなお財布のほうに帰りたくなります。

私は、大富豪の方のお財布を見るのが好きなのですが、本当にきれいで、シンプルな長財布を持っていました。

曲げ財布を使っている人は1人もいませんでした。なぜならばお金が曲がってしまい窮屈を感じるからです。余計なジップもないし、お財布が変に厚い人もあまりいませんでした。

ちなみに、余裕のある方は小銭用のお財布を使ってください。

いわゆるコインケースを持つといいです。2つにすると面倒なのですが、コインケースを持ったほうがよりいいと思います。

よく財布を自分より運のよい人に買ってきてもらうといいという話がありますが、頼めるくらい運の高い人が周りにいるのならやってみてもいいでしょう。

私も昔よく頼まれて、「お財布を買うお金を払うから、私のお財布買ってください」という人がいて、年末になると忙しくなったことがありました（最近は断っていますが）。

とにかくお財布は本当に大切なので、ぜひ新しいお財布にしていただきたいと思い

ます。

さて、お財布には消費期限があって、それは1年しかありません。だから、**毎年新しい財布を買い続けなければならない**というルールです。

1年はけっこうすぐ経ってしまうので、まだまだ使えると思ってしまいます。しかし、使えるけれども買い換える、絶対に1年に1回は新しいのに取り換えると肝に銘じてください。

そして、お財布は値段が高いものを買ってほしい。

たとえば、自分の欲しい年収があると思います。だいたいみなさんに聞くと、1000万円とか言いますが、もし1000万円欲しいのであれば、その1000万円から丸を2つ取った金額の財布を買うといいのです。つまり、10万円のお財布を買うこと。年収1億円欲しいなら100万円のお財布を買うことですね。

また、お財布は色が決まっていて、**絶対に黄色**と決まっています。ゴールドでもいいのですが、ちょっと強すぎるため、黄色が一番いい。

一方、お財布の中で一番御法度《ごはっと》の色が赤です。赤という色には意味があって、中に入っているお金を燃やし尽くして赤字にするという意味があります。赤がワンポイント入っていても、なるべくやめたほうがいいでしょう。

「赤いお財布を持っているのに、お金持ちの人がいるんですけど」と反論する人がいますが、私が言っているのは統計学上のことです。、宇宙の法則では、**「78対22」**と言われています。

この法則に従って話をすると、赤いお財布を持っていても、お金持ちの人ももちろん22％はいますが、黄色にしたらさらに金運が上がるのではないでしょうか。

⌧お財布のルールには「してはいけないこと」がたくさんある

お財布には、実は「してはいけないこと」がたくさんあります。

お財布を買ったあとのルールですが、まず年末の12月31日までに新しいお財布を買います。ムリな人はいいですが、このときに銀行に行って新券（まだ使っていないお札。ピン札とも言います）で帯がついた１００万円を用意します。

そして、その新券の１００万円をお財布の中に入れておきます。

なぜかと言うと、お財布というのは、一番初めに入れた金額を記憶してそのお金をキープしようとするからです。常に１００万円が集まってくるお財布って最高じゃないですか。

そうしたら、それを次の日から使うのではなく、１月１日から１月14日までの２週間、お財布を自分の家の北側に安置しておきます。

なぜかと言うと、１月１日から１月14日の２週間は、**北から南に強烈な金運が流れてくる**からです。その金運にお財布をさらしておくのです。

そして、１月15日の零時零分になった瞬間から、そのお財布を取り出してきて、使い始めます。

これを毎年繰り返します。この本を読んでいる人はいつ読んでいるのかわからないので、どのタイミングでも大丈夫です。年始の期間でなければ、とりあえず新しいお財布を買って、１００万円を入れて、神棚でも何でもいいからそのお財布をどこかに２、３日安置しておいてから使い始めてください。

大事なのは、**お財布に中身を記憶させる**ということです。

お札は絶対に向きをそろえて入れてください。もちろん１万円札、５千円札、千円札と順序よく。できれば1万円札は個別の部屋に入れてください。1万円札用の部屋をつくって、そこに入れておくとベストです。

よくお財布に万券を入れていない人がいますが、これは金運を逃します。お金は寂しがり屋ですから、本当は10万円ぐらい入れておいてほしいところですが、最低5枚ぐらいは入れておかないとお金がお金を呼んできません。

また、大富豪などは1万円札を新券で入れている人が多くいます。

新券もかなり大事です。お釣りを新券でくれるお店がありますが、彼らは毎朝銀行に行って新券に取り換えています。5千円札と千円札は新券、あと硬貨も新しいのに取り換えるお店は意外とあるのです。

ちなみに、お店をやっている人はレジも大切です。レジもお金の家ですから、そのレジの中が汚いとダメです。レジはいつもピカピカに。

とにかくお釣りを新券で返すお店のほうがお客さんが不思議と来るものです。つくづくお金は面白いなと思います。

あと1万円札が好む匂いもあります。

伽羅というお香ですが、一般のお香のお店で伽羅の匂いのする袋が売っていますから、お財布の1万円札を入れるところにいつも入れておいてください。

そして、してはいけないルールの中で、絶対にしてはいけないことがあります。それは、**領収書やレシートをお財布の中に入れておくこと**です。

領収書やレシートというのは、お金が出ていったという証拠です。ですから、領収書やレシートをお財布の中に入れたままにしておくと、お財布がお金を集めることをしなくなるのです。

では、領収書やレシートをどうすればいいのかと言うと、専用のケースを持っておけばいいと、私はいつも言っています。

スーパーやコンビニで、私はついクセで前に並んでいる人のお財布を見てしまうのですが、お釣りと一緒にレシートもお財布の中に入れて、本当にお財布が汚い人が多い。そういう人は本当に金運を上げるのは難しいのです。

さて、あなたも松居一代さんという女優さんをご存じかと思います。あの方のお財布は本当にきれいです。松居さんは投資家としても有名で、お金持ちです。何不自由ないぐらいお金をたくさん持っていますが、それはお金を大切にしてるからです。

松居さんは家に帰るとお財布の中身を全部出して掃除するそうです。しかも「今日もありがとう」と言いながら、お金をピカピカにしてお財布に戻すそうです。

しかも彼女、「財布の布団」というものを販売しているから驚きです。アマゾンや楽天でも売っているのですが、その財布の布団にお財布を入れて「お休み」と言って寝ているそうです。

こんなことをされたら、当然お財布は喜びますよ。朝になると「おはよう」と言ってくれて鞄に入れ、夜になるときれいにしてもらったお金に布団にまで寝かせてくれる。これを繰り返しているわけですから。これだけ大切にされれば、お金もそのお財布のところに行きたがるはずです。

⊠超実践！ 満月のパワーでお金の邪気をはらう

以前、満月の日にお財布をフリフリするというのが流行っていました。最近では誰も言わなくなりましたが、これもとても重要なことです。

満月というのは1カ月に1回あるのですが、とくに夜10時から12時の間の2時間は一番満月のパワーが強いとき。この満月のパワーの強いときに、**満月に向かってお財布をフリフリすることはとてもいい**のです。

できればベランダ側に置いたまま、**お財布に月光浴をさせる**のもいいです。15分ほど月光浴させるだけでも充電満タンになります。

何のためにお財布をフリフリするかというと、**邪気を落とすため**です。ですから家の中ではやらないこと。家の中でフリフリすると、結局家の中に邪気が落ちてくるので、それを自分がまた踏むという無意味なことが起きてしまいます。

外で月光浴させておくか、フリフリするときは外で行ってください。そのときに自分も月光浴すれば、自分についた邪気も落ちるので一挙両得です。

晴れた満月の日が最高ですが、雨が降っていたり曇りの日でも、月の光は届いてきていますから、関係なく行ってください。

あとは、もし小さい金庫があったら、その金庫ごとベランダで月光浴をさせます。金庫もお金の家ですから同じようにすることで邪気がはらえます。

この邪気という点で、何度もお話ししたお財布を1年で買い替えるというのも理に適っています。まだまだ使えると思うかもしれませんが、ブランド物だったら1年経ってもいい値段で売れればいいだけです。大切に使っていれば、全然売れますよ。

ただし、売るのはいいけど買うのはダメ。誰が使っていたお財布かわからないし、本当に波動の低い人が使っていたお財布かもしれません。いくらきれいでも、その人のマイナス感情の波動が染みついていて、邪気そのものです。

磨いたお金が必ず戻ってくる。
とくにおいしくもない弁当屋が繁盛する秘密

79ページで述べましたが、なぜか儲《もう》かっているお弁当屋さんがあります。場所は言えませんが、とにかく軒並みお弁当屋さんが立ち並ぶ、いわゆる「お弁当ストリート」のようなところで、とにかく儲かっているお店が1軒あります。

味は失礼ながらまったくの普通。普通というよりおいしくもないお弁当屋なのです。

しかし、そんなお店が儲かっている理由があります。

そこのお店はおばあさんが社長をしているのですが、この方がとにかくお金を大事にする方で、毎日お札にアイロンをかけ、小銭はきれいにピカピカに掃除するのです。

しかも、お札にはお香を焚《た》いて常にいい匂いにしています。

私は彼女を観察することにしました。すると、お客さんからお金を受け取ると、お

金に向かって「よくきたね～　おかえり～」と労をねぎらっているのです。おまけに、お釣りなどで出ていくお金には「いってらっしゃい」と言って送り出していたのです。

ある日、サラリーマンがお昼にこのお弁当屋さんにやって来て、お弁当を買っていきました。いつものように、おばあさんがお釣りに「いってらっしゃい」と言ってお客さんにお釣りを渡すと、帰りかけたサラリーマンがお店に戻って来て、「飲み物を買うのを忘れていた」と言って、そのお釣りでお茶を買っているではありませんか。

そのとき、私はこう思いました。

「ピカピカに磨かれたあの小銭は、おばあさんのところに帰りたかったのではないか」

そのサラリーマンのお財布がどうだったかはわかりませんが、大切にされたお金は、その家に戻りたいという意志が働いていたのです。

しかも、ごく普通のお弁当屋さん。正直おいしいお弁当ならこのストリートにたくさんあるはずです。しかし、お金たちはストリートで噂しているのです。

「お前、ピカピカだね。どこから来たんだい？」

「お前、いい匂いがするね。いったいどこにいたんだい？」と。

そう、ストリート界隈《かいわい》のお金たちはみな、あのおばあさんの家に行きたがるのです。

これが不思議とお金が集まるお弁当屋さんの秘密だったのです。

⛝金運が下がったときの修正法

臨時出費があった、予算よりかなりお金がかかってしまった、あるいはお財布を落としてしまったなど、誰にでも金運が下がっている経験をしたことがあるでしょう。

そういうときは、まず**運の修正**をはかっていかなければなりません。

ほとんどの人は、そのままの状態で放置してしまいます。しかし放置しておくと負のスパイラルが始まってしまいます。

待っていても運は上がりません。待っててていいのは「あみん」の2人だけ（笑）。

冗談はともかく、そういうときは自分の波動が落ちているときです。自分のことですから自分が一番よくわかるのではないでしょうか。

とにかく、運を取り戻す一番手っとり早い方法は、**「人のためにお金を使うこと」**です。

お金のことはお金で解決するしか方法はありません。なぜならお金はエネルギーそのものだからです。コスモスバンクにお金を入れることでエネルギーになって、そのエネルギーが運に修正をかけてくれるのです。

実は、人は誰かのために使う金額はだいたいあらかじめ決まっています。

たとえば、簡単なところでは誰かの誕生日。あれは一種のチャンスと言えます。

あとはもう1つ、簡単な運の修正方法は、**両親へのプレゼント**です。

もしかしたら両親がもう亡くなっているという人もいるかもしれませんが、とにかく両親は大切にしなければいけません。両親を敬うことは運と直結しているのです。

ですから、何かイヤなことがあったときには両親に電話して、「いつもありがとう」と感謝を伝えるといいのです。そして、そうした感謝の気持ちとして何かをプレゼントするという行為は、運を大きくアップさせます。

おじいちゃんやおばあちゃんがいる方は、その人たちに何かプレゼントをしてもいいでしょう。身近なところから感謝の気持ちとともにお金を使うのであれば、誰にでもできるはずです。


もし誰かにプレゼントをするときは、**ちょっと自分の懐《ふところ》が痛いくらいなのが目安**です。たとえばイヤな出来事、運気が下がる出来事があったときに、5000円のプレゼントなど、ちょっと痛いくらいがいいのです。

つまり、自分に降りかかってきたエネルギーと同じ分ぐらいのエネルギーを使うのです。

ちょっとしたイヤな出来事は日常茶飯事、いろいろな不幸なことはありますが、そのたびに運の修正をはかっていくのです。

そのためには、お金は大きく使うこと。1万円ぐらい使ってみましょう。とんでもないことが起きたら、3万円ぐらい使ってみる。たとえば、両親に温泉旅行をプレゼントしてしまえばいいのです。

誰かのためにお金を使うのもいろいろな方法がありますが、そのなかで自分と親しい家族のためにお金を使うことは、それはそれで素晴らしいと思います。でも、宇宙はすべてポイント制。自分から縁遠くなればなるほどポイントが高くなるということも、ちょっと頭の片隅にでも置いてみてください。

自分と縁遠い人にお金を使うというのはなかなかありません。そうなると、たとえば寄付などが一番縁遠いかもしれません。

電車に乗っていても雑誌を読んでいても、「恵まれない子どもたちに、あなたが1日に飲む缶コーヒー1杯の値段でワクチンが送られます」という慈善団体の広告をよく見かけると思います。

たしかに、どこに寄付していいかわからないでしょうが、大きな団体になればなるほど、そこで働いている人も多く、あなたの寄付金でオフィスの家賃、人件費がまかなわれていることが多いのではないでしょうか。

そうした大きな団体に寄付した場合は、子どもたちのところにいくお金は10%くらい。もし1万円を寄付しても子どもたちにいくのは、たった1000円ということは覚えていたほうがいいかもしれません。

寄付とひと口に言っても、どこに寄付するのかはよく考えたほうがいいでしょう。できれば直接、子どもたちを助けられる寄付が、お金のいい使い道です。

お金の使い方は、前にも言いましたが、あなたの運のエネルギーを大きく左右します。それだけに使い方は腕の見せどころなのです。

そこにはルールなんていうものは存在しません。

運を修正するにもお金をどう使うかが大事で、言い換えれば、**お金はあなたの運の出口戦略**なのです。ですから、それを実践していくなかで、お金の引き寄せ方というのも大きく変わってくるのです。

第3章

運が必ず引き寄せられる「掃除のススメ」

㉒トイレ掃除で「臨時収入」と言われれば誰だってやってみるはず

私は、もうトイレ掃除を極めると言ってもいいくらいやりました。

初めは小林正観さんの本に、「トイレ掃除をすると臨時収入がやってくる」というひと言が書いてあって、これは絶対やろうと思ったことからでした。

その本の中にはトイレ掃除の具体的な実践方法がたくさんあって、運をアップする方法が書かれていました。

そこには多くの事例も紹介されており、私は「トイレ掃除をすると臨時収入が入ってくる」という部分を読んで衝撃を受けました。本を読んでいる最中に、本を放って、生まれて初めてトイレ掃除をしたくらいでしたから。

35年間生きてきたなかで、初めてトイレ掃除をしました。そのときが、なんと人生で初めてのトイレ掃除だったのです。

当時、独り暮らしだった私の家のトイレは、もう見たことがないような汚いトイレでした。便器はもともと白いのに、化石のようでした。

その汚れを落とすのがすごく大変でした。ブラシで一生懸命やって、時間も相当かかりました。

しかも、そのとき生まれて初めてトイレの蓋《ふた》を閉めたのです。

というのも、私が読んだ本にはトイレはいつもピカピカにしよう、必ず蓋は閉めることと書いてあったので、生まれて初めて使ったあとに蓋を閉めたというわけです。

「たったこれだけで、本当に臨時収入が入ってくるのかよ。これくらいなら、毎日やるよ」と思い、あの頃はトイレに行くたびに掃除していました。

毎回、トイレに行くたびにブラシでピカピカに磨いていたある日、正観さんの別の本を読んでいたら、「トイレ掃除は素手でやると、臨時収入の0が1個増える」と書いてあったのです。

私は思わず、「ウソつくなよ」と本にツッコミを入れたくらいです。トイレに素手を突っ込める人なんていないよと。

私は、そんなことをしている人は世の中に絶対いないと思いました。しかし、正観さんの講演会へ行ったときに、そのあり得ないはずのトイレ掃除を素手でやっている軍団がいたのです。

そこで衝撃を受けて自分も素手で掃除することになるのですが、このトイレ掃除の実践は、本当に面白いほどたくさんの奇跡が起きたのです。

運がよくなるトイレ掃除の秘密

トイレ掃除が運をよくするという話は、あなたもどこかで聞いたことがあるでしょう。もしかしたら、すでに実践されている方もいるかもしれません。

私のところにも、「トイレ掃除をして臨時収入がありました」とか「トイレ掃除のおかげで人生が変わりました」という、うれしい報告があとを絶たないのですが、これこそ実践のなせる業《わざ》。

では、なぜトイレ掃除なのか。実はトイレは宇宙とつながっているからなのです。

10年近く前に「トイレの神様」（植村花菜）という曲がヒットしましたが、「トイレには神様がいる」という話は本当なのです。そんなトイレには、さまざまな秘密があるのです。

［公開！「トイレ掃除の秘密」と実践法］

❶トイレは常にピカピカにする

私は大富豪の方々の家のトイレを必ず拝見します。いくつも見た結果、例外なくどこも非の打ちどころのない美しさでした。

しかし、1軒だけ天文学的に汚いトイレがありました。新宿タワーマンションの最上階に住む方のトイレです。残念ながら、その3カ月後に会社が倒産し、その方はマンションを引っ越していきました。

トイレをきれいにするのは、家の中で一番汚いのがトイレだからです。この一番汚い場所を、あなたの家の中で一番きれいにすることで家の運、掃除する人の運が著しくアップします。

❷トイレ掃除はあなたの欲しいものが与えられる

トイレ掃除は金運アップ、臨時収入をもたらすと言われています。

私が15年間、トイレ掃除をし続けてわかったことは、その人が〝一番欲しいもの〟をギフトでいただけるということです。

❸アイデアはトイレで降ってくる

アイデアが煮詰まるとトイレにこもる人がいます。これは実に理に適っているのです。

なぜならば、トイレは宇宙とつながっているからです。このとき、アイデアを出そうとあれこれ考えるのではなく、安心してぼけーっとしていることが大切。適度に脱力して気楽に待っていると、なぜかアイデアが降りてくるのです。

とくに、トイレ掃除をしたあとのピカピカの状態だと効果は抜群です。

❹ トイレの蓋の上にいるのは烏《う》枢《す》沙《さ》摩《ま》明王《みょうおう》様

トイレをお守りくださる神様がいます。そう、トイレの神様です。

その名は「烏枢沙摩明王様」。不動明王様の化身で、この方の存在に気づき掃除し感謝し出すと、なぜか不思議な現象が降りかかります。

御真言《ごしんごん》は「オンクロダノウウンジャクソワカ」。

❺ 烏枢沙摩明王様の好きな色は黄色

私がトイレ掃除していることを知らない、ある霊能者から言われたことがあります。

「あなたの後ろに烏枢沙摩明王様が

いますね」

その方が質問してもいいと言うので、烏枢沙摩明王様が好きな色を聞いてみたことがあります。というのも、トイレマットを何色にしようか迷っていたときだったからです。霊能者は迷いなく「黄色」と答えました。

以来、我が家ではずっと黄色がトイレのラッキーカラーとなっています。

🆇トイレ掃除は継続すればするほど、想定外の奇跡が起こる

正観さんのところには、全国津々浦々、本当にいろいろな方がやって来ていましたが、そんな彼らもトイレ掃除を実践するなかで、よく同じような質問をしていました。

「トイレ掃除しても臨時収入が入ってこないんですよ」

正観さんは著書や講演で、トイレ掃除をしたら臨時収入が入るという話をしていた

ので、みんながそれを期待して実践するのに結果が出ないと申し出てくるのです。

そんな人たちがあまりにたくさんいて、そのときの正観さんはこう答えていました。


「あなたがちょっとぐらいトイレ掃除をしたからって、『トイレ掃除をしたところでいいことが何もない』と文句を言うのがわかっているから、あなたには何もないんですよ」


たしかにおっしゃる通りで、私は何も言えませんでした。

「正観さん！　トイレ掃除を3カ月間もやっているけど、いいことが何もないんです。何ででしょうか？」と言ったところで、答えは決まっているわけです。

「あなたがたった3カ月間トイレ掃除をしただけで、『いいことが何もないんですけど』って文句を言うことがわかっているから、あなたには何もないんですよ」と。

私は、いつかいいことがあるだろうと思って、トイレ掃除を半年やり続けました。

駅だろうがファミレスだろうが居酒屋だろうが関係なく……。

男性だから大・小便器があるのですが、必ず大のほうに行ってトイレ掃除をする。

それが目的でトイレに入りました。とにかく、それくらいトイレ掃除ばかりをやっていました。

それなのに、いっこうにいいことが起こりませんでした。

半年やってもいいことがないからおかしいなと思って、正観さんに質問をぶつけてみました。もちろん「あなたがたった半年やっただけで……」と言われるのはわかっていたので、友人の話として切り出しました。

「正観さん、実はですね、僕の友人がトイレ掃除を半年やってるんですけど、半年やってもまったくいいことがないって。彼に何てアドバイスしたらいいですかね」

と言ったら、正観さんに言われました。

「あなたのことですか」

もうバレバレです。バレバレなのですが、

「いや僕じゃないです。僕の友人です」と。

そのときに、正観さんがとてもいい話をしてくれたのです。

「じゃあ、そのあなたの友人にこうアドバイスしてあげてください。

神様というのは弓矢を持っているんです。実践をするたびに神様は少しずつ弓矢を後ろに引いてくれてるんですよ。あなたの友人が、半年トイレ掃除を実践しているということは相当引っ張ってますね。この引っ張る距離で自分に降りかかってくる出来事の大きさが変わってくる。だから、引っ張られれば引っ張られるほど想定外のことが大きくなるんです。ということは、半年経ってまだ何もないということは、相当引っ張られてますよ。今離してほしいのか、もっと引っ張ってほしいのかどっちですか」

そう言われたときに、私は「もっと引っ張ってほしいです！」と言ってしまいました。そのときに正観さん、ニヤッとしてひと言、

「あなたのことですね」

完璧にばれてしまいましたが、私はそのとき本当にやる気になったのです。

「今、想定外のスケールで弓がどんどん伸ばされている最中なのだとしたら、もっと伸ばしてほしいから、半年やってもいいことがないというのは、めっちゃくちゃいいことなんだ。どれだけすごいことが降りかかってくるんだろう」と、本当にワクワクして、さらにトイレ掃除に磨きをかけていきました。

人生はすべてものの見方次第です。現象は何も変わっていなくても、その人のとらえ方、見方がどう変わるかによって、人生は本当に大きく変わってくるのです。

「自分はなんでトイレ掃除してもいいことないんだろう。烏枢沙摩明王様、何してん

の」と、それまで偉そうに文句を言っていたくせに、ほんの少し見方を変えたら、「もう当分いいことなくてもいいです。むしろもっと先延ばしにしてください！　烏枢沙摩明王様ありがとう！」と完全に見方が変わってしまったのです。

トイレ掃除にしても何にしても、ワクワクした気持ちで継続することの意味はここにあります。

現実は何も変わらないのに、絶望したりワクワク期待に胸を膨らませたりと、自分の見方が変わっただけで人生が激変してしまう理由がここにあるからです。

たとえば、トイレ掃除を半年やっても何も起こらないということは、いったい自分に何が降りかかってくるんだろうとワクワクしながら続けること。すでに周りの人たちには面白いことが降りかかってきているのに、自分にはまだだということは、それよりもはるかに壮大なものすごいことが降りかかってくるということなのです。

このワクワク感に引き寄せの法則が働きますから。

というわけで、私は今までずっとトイレ掃除をやってきました。

今では、「開運したい」というのに、トイレ掃除をしていないというのは論外中の論外だとすら思っています。

開運するなら、トイレ掃除はマストです。

朝起きたとき、誰もが必ずトイレに行くと思いますが、用を足したあと、そのまま掃除をせずに出て行ってはいけません。トイレに入ったら絶対トイレ掃除をして出るということを習慣づけてみませんか。

33 トイレ掃除は必ず素手でやらなければいけない？

トイレ掃除は、私は素手でやりますが、別に「必ず素手でやってください」などとは絶対に言いません。

ブラシを使ってもいいので、とにかくきれいにするという気持ちがあればそれで十分だと思います。

先ほども言いましたが、朝起きたらトイレに行って、絶対にトイレ掃除をせずには出て行かないという自分との約束をしてほしいと思います。

運の高い人は、自分との約束を守っています。

あとは運が上がる習慣、つまり**ゴールデンルーティン**をたくさん持っていることが重要です。

トイレ掃除の話とは違いますが、運がいい人は必ずゴールデンルーティンを持っています。「毎朝必ず、太陽に手を合わせる」「神棚に決まった時間に手を合わせる」「毎月お墓参りをする」「毎日、田舎に住む両親に連絡する」など、数え上げたらキリがないくらいです。

とにかく、習慣になってしまえば歯磨きと一緒で、やらないと気持ちが悪いと思ってくるはずです。そうした習慣の中でも、トイレ掃除は運をアップするために絶対に欠かせません。

ちなみに、トイレマットに関しては、玄関マットと一緒で足で踏み散らかすものなので、定期的に週に1回は洗濯をして太陽の光のもとで干してください。洗い替えに2枚買ってローテーションしてもいいと思います。

「1週間経ったら、1枚洗う⇩太陽の光に干す⇩新しいマットと取り替える」という感じで、常にトイレマットもきれいな状態を保ちましょう。

XX トイレの蓋の上にいる烏枢沙摩明王様に感謝する

トイレの蓋のカバーをつけていない人もいます。しかし、カバーは必要です。なぜならば、烏枢沙摩明王様が、トイレの蓋の上に座るからです。

トイレの神様、烏枢沙摩明王様というのは「臨時収入の神様」とも言われています。トイレ掃除をしているとその人が一番欲しい物を与えてくれる、というのがトイレ掃除研究家の私の見解です。

だからトイレ掃除は面白い。トイレ掃除はとにかく実践した人からの報告が多いのです。

「臨時収入が入ってきた」「彼氏ができた」「結婚した」「宝くじが当たった」など、それはもう嬉々《きき》として報告をしてくれる方がたくさんいます。私の提案をすべてやったおばあさんは、ジャンボ宝くじが3000万円当たってしまいました。不幸になっていないことをお祈りします（笑）。

トイレはまさに、**家の中の神社仏閣**なのです。

それは烏枢沙摩明王様がトイレを守ってくれているからです。

神社仏閣は、そもそも波動が高く「気」も高い。なぜ「気」が高いかと言うと、いろいろな要素はありますが、とにかくきれいであることです。大きな神社仏閣はみんなきれいですよね。掃除が行き届いて、多くの人たちから大切にされていますよね。伊勢神宮に行ったらホコリだらけだったなんてことは絶対にありません。

ホコリ＝邪気。そして、トイレは家の神社仏閣ですから、ホコリがあってはいけないのです。壁の上のほうから天井まで、換気口も定期的に掃除するべきです。

烏枢沙摩明王様に気持ちよく住んでもらう。居心地のいい空間、これこそがトイレ掃除をすると運がアップする秘密です。

そして最後にもう1つ、掃除をしてきれいにしようとする、あなたの姿、あなたの背中が美しいのです。「トイレは烏枢沙摩明王様に守っていただいているからきれいにしよう」という、その姿が美しい。

きれいにしようとしている姿をいっぱい神様に見せていくべきです。運の高い人と

いうのは、宇宙から見て応援したくなるような行動をたくさんしているから、その姿も見た目もきれいなのです。

宇宙の法則は全部シンプルです。

トイレ掃除をする人は、その姿が本当に美しいからこそ、宇宙もその人を応援し、運を高めてくれるのです。

第4章

人生にツキを呼ぶ「全捨離」のやり方

☒全捨離とは目に映る景色を変えること

私は人はどうしたら運がよくなるのかということをずっと研究してきて、現段階で**最も効果の高い開運法というのは「モノを手離す」**ことだと考えています。

このモノを手離す大きな目的というのは**「執着からの脱却」**です。

一般的に、家の中にはいろいろなモノがうごめいています。家の中にモノがたくさんあるというのは執着以外の何ものでもありません。「これも捨てられない、あれも捨てられない」と、捨てられないモノが、あなたの家の中にもたくさんありますよね。

しかし実際は、なくてはならないものではなく、普段は使ってもいないものばかり。今後一生使わない可能性もあるのに、もったいないとか、高かったからとか、いつかは使うだろうという理由で、ただ置いているモノであふれているのです。

こういった執着をいかに手離していくのかが、運を変えていく1つのポイントで、家の中にたくさんのモノがあるがゆえに、運を下げている人が多すぎるのです。

私がよく言っている「全捨離」の基本は、

「人生を変えたいなら8割手離せ」

これを実践すると、家の中の5分の4ぐらいがなくなります。5分の4がなくなるということは、ほぼ全部捨てたのと同じくらいの感覚になるはずです。

つまり、**「目に見える景色を変えていこう」**ということにほかなりません。意識的に目に映る景色を変えていくと、自分に降りかかる現象も変わってきます。目に映る景色が大きく変わるということは、自分を取り巻く環境が激変するということですから。

だから、人生を大きく変えたいのであれば、行動、思考、言葉、そして「環境」を大きく変えないといけないわけです。

「人生を変えたいです」という人はたくさんいます。いろいろな人が質問や相談に来ますが、「人生の何パーセントぐらい変えたいと思ってるの？」と聞くと、人によっては「200％変えたいです」と言います。

それが本気なら、200％人生を変えたいということは、目に映る景色も200％変えていく覚悟が必要なのです。

⧖運気は環境。波動の高いところにいかに身を置くか

運気というのは環境です。

自分が身を置く環境が運気をつくりますから、**いかにシンプルで波動の高い場所に身を置くのか**が大切になってきます。また、モノには魂が入っていますから、その魂が放つ「なんで私を使ってくれないんだ」というマイナス感情波動というものが存在しています。

そのマイナス感情波動が、あなたの運をぐっと下げているのです。

何カ月も何年も放置しているモノが家の中に大量にありますよね。つまりそれは、家の中にマイナス感情波動がうごめいているというわけです。

さらに、家が汚いといろいろなモノが居座って、なかなか出て行かなくなります。

家には鬼門、裏鬼門というのがあり、鬼門は北東、裏鬼門は南西。目に見えない邪気、低級霊や魑魅《ちみ》魍魎《もうりょう》は鬼門を通って家の中に入ってくるのです。霊は一方通行ですから、鬼門から入ってきて裏鬼門へ抜けていくと決まっています。

しかし、家の中が汚いと彼らは居心地がよいと感じて出て行かなくなってしまうの

です。

汚い家というのは、住んでいる人たちもたいがい機嫌が悪い。統計学的に言っても、ゴミ屋敷に住んでいて、運がよくてご機嫌な人はなかなか見つけることは難しいものです。

邪気、低級霊や魑魅魍魎がたくさんいる汚い家に住んでいると、体調もおかしくなってくるし、運気も落ちてきます。いいことが何ひとつありません。

別に信じられない人は信じなくていいですが、実はそういう目に見えない存在も少なからず影響しているのです。だとするならば、家の中のいらないものを徹底的に手離していかないかぎり、運をよくすることは難しいと考えます。

私がお伝えしている**「全捨離」**を本当に実践すると、正直、家の中がかなり殺風景になってしまいます。ですので、最初に申し上げておきますが、「そんな殺風景な家はイヤです」という人は、実践されなくてもいいですよ。

その人にとって自分が居心地のいい空間、これが一番大事です。いかに居心地のいい空間に自分の身を置くのか、これが一番の開運につながりますから。

どうしたって家の中で1つや2つ、使わないし、見もしないモノが必ずあると思います。タンスや押し入れの奥底に小学校のときに使っていたモノを詰め込んだダンボール、中学校のとき使っていた文房具やノートが入ったダンボール、古いアルバムや文集も、もう見ることもほとんどないでしょう。

見ないのであれば、本来はいりません。

「思い出の逸品なので捨てられないんです」という人は、それがあることで居心地がいいということであれば、別に捨てる必要はありません。

たまに「壁にかけてある絵もダメですか」とか、「玄関に家族の写真を飾ってあるけどダメですか」と聞かれますが、これも別にダメではなく、それを飾って居心地がよければいいのです。

もし捨ててもいいけど、いつも悩んでしまうという人がいたら、私はよく「写真を撮ってから、『ありがとう』と言って、手離したらどうですか」と提案しています。

とにかく人生を変えたいのであれば、まずは目に映る景色を変えていくことです。日常は何の変哲もなく、出会う人も行動も毎日一緒。そんな毎日に嫌気が差すくらいなら、せめてモノが減って床面積が増えて景色を変えるくらい何のことはないはず。それで出会いも変わり、人生が大きく変わってくるのなら、これほど簡単な運をよくする方法はありません。

大切なのは、執着を手離すこと。執着を手離せば、結局は新しい何かが入ってくるのです。

それには**スペースをつくること**。家の中には、押し入れや納戸など収納する場所があると思います。また、机の引き出しや本棚も収納する場所です。多くの人は、ここに120％くらいモノが入っています。

すでにスペースがない。入りきらなくなっていて、押し入れは奥のモノを取り出せない状態、本棚の上には本が乗っかっている、下駄箱には靴が入りきらず玄関にもあふれている……。**スペースがない状態では、お金もご縁も情報も新しいモノも入ってこない**わけです。

とにかくスペースを空けましょう。モノがなくなれば、その空いた場所にスペースができるので、新しい何かが入ってこられるのですから。

まずは意識して、押し入れも引き出しもクローゼットも、半分はスペースを空けるよう意識してください。

お金持ちと床面積は運に密接に関係している

アメリカは統計学が大好きな国なので、さまざまなものをデータにしていますが、その一例を挙げると、「お金持ちの人は家の中に２５００点の商品があり、貧乏な人の家の中には５０００点の商品がある」という調査結果があるらしいのです。

なんと半分。だから、ドラマや映画で貧乏な家を演出しようとするときは簡単だそうです。モノを増やすだけでいい。ごちゃごちゃとモノがあふれている家は貧乏くさく見えるのです。つまり、モノが多いということは、貧乏のバロメーターであり、どんどん運が下がってしまう環境なのです。

一方、お金持ちや大富豪の家は、床面積が広くて床が光っています。実は、床＝自分自身。余計なモノがないことは、自分自身が本来の能力を発揮できるという意味でもあるのです。

私が訪れた富豪の家は、どの国の人でもモノがあまりなくて、床はもう本当にピカピカに光っていました。「今の君は、ピカピカに光って〜♪」の宮崎美子より光っていました（知っている方は年齢がわかります）。

それはともかく、私がいつも提唱しているのは、**手離す・広げる・磨く**の３原則です。モノを手離して床面積を広げて、その床を磨こうということなのですが、3原則を実践した人はもれなく人生が変わります。

実際には、3原則を実践することで、ようやく**開運する準備が整う**のです。あくまで準備段階であって、これでもう開運できるというわけではありません。ここで初めて、開運しやすい環境になっただけの話ですから、あとはここからプラスアルファでどれだけ微差を積み重ねていくのかが勝負なのです。

とにかくまずは、開運しやすい環境に身を置きましょう。いらないモノを手離して、床面積を広くして、その中に身を置くと自分の運がどう変わっていくのか、ぜひ実験してほしいと思います。

☒人生にツキを呼び込む全捨離実践法

それでは、開運の準備を整えるためにモノを手離し、スペースをつくっていきましょう。これからあなたにやっていただきたい実践法は、やれば気持ちもすっきりの全捨離実践法です。

［ツキを呼び込む全捨離実践法］

❶ 玄関は運気の入り口

「気」には3つの種類が存在します。それは「旺気・衰気・殺気」です。その中の旺気とは、運気を上げてくれる気で玄関から入ってきます。しかし、玄関が汚れている家には旺気が入ってきません。ですから、旺気を入れるためにまずは玄関をきれいにして整えていきます。

❷ 玄関に置いてはならないもの

玄関から旺気を迎え入れるには、まず玄関と下駄箱の上に余計なものを置かないこと。玄関に靴を脱ぎっ放しにすることは論外中の論外です。玄関にはなるべくモノを置かず、最大限にスペースをつくり、美しく保つことは開運への基礎となります。

❸ 全捨離の第一歩。まずは洋服を捨てる

「袖を通さない服はご縁を遠ざける」

これは日本の古いことわざです。着ない洋服をいつか着るだろうからと取っておいたところで、ほとんど着ることはありません。それをいつまでも家に置いておくだけで運気が落ちることを昔の人は知っていたのです。モノを手離す際に最初に着手すべきは洋服なのです。

この洋服を思い切って手離すことができた人は、手離しスイッチがオンになり、手離すことが加速していくのです。

❹ パンツの法則

新しい下着は出会いを引き寄せます。ですから、下着は定期的に捨てて新しいものを身につけると運がよくなっていきます。

パンツや靴下の消費期限はたったの1カ月。

「身を包むものは真新しいもので」

私がこの宇宙の法則を実験した結果、さまざまな新しいご縁をいただくことが増えていきました。ほかの人にもすすめてみると、多くの人が実践し、うれしい報告をしてくれました。

驚くべきことに、パンツと靴下を毎日取り替える方もいて、「彼氏や彼女ができた」

という人たちが増えた事実もあります。
下着を真新しいものに変えるとご縁を引き寄せる。これは本当のようです。

☒玄関は運気の入り口。徹底的に全捨離する

玄関は家の入り口と同時に運気の入り口です。まずはここをきれいにしなければいけません。

順番としておすすめなのは、まずは洋服を捨てることから着手して、手離しスイッチをオンにしてから玄関の全捨離に移ると、気持ちとしても徹底的にきれいにしたくなります。とにかく、玄関は気が入る大切な場所ですから、優先的に着手してほしいと思います。

前述の通り、気には「旺気、衰気、殺気」という3つの気があります。そして、この中の旺気が運気を上げてくれる気であり、これは玄関から入ってきます。しかし、玄関が汚い家には旺気は入ってきません。

家の中というのは気が回りやすい状態にしておかなければなりません。モノがのべ

つまくなしに置いてあると、せっかく玄関から入ってきた旺気が回らなくなってしまいます。気を回りやすくするために家の中のモノを少なくするのはこのためで、玄関から入ってきた気を、うまく回るようにスペースをつくっていくのです。

さて、その玄関ですが、まずは靴を脱ぎっぱなしにしないこと。靴の脱ぎっぱなしは論外です。

あなたは「靴をそのつど、下駄箱にしまうようにすればいいだけ」と思うでしょうが、ほかの家族はまずやってくれません。家族や自分の近くにいる人にかぎって、染みついたクセは意識しないので直すことができません。

たとえば、この本を奥さんが読んでいるとして、旦那さんやお子さんに靴をしまうように言ったところで、だいたいやりません。

年頃の子どもには「はぁ～、何なの急に、面倒くさいな」とか「なんでそんなことしなきゃいけねぇんだ」とか、あなたが全捨離などを説き出そうものなら、「何の宗教に入ったんだよ」とか言われるのが関の山です。

基本的に他人に何かを強要してもやらないことが多いものです。

人間というのは面白い生き物で、**尊敬している人の言うことしか聞きません**。普段の関係性や、言い方次第ということもあるとは思いますが、多くのケースでは、旦那さんやお子さんに何かをやってもらおうとしても、ほとんど言うことを聞いてもらえません。

では、どうしたらいいのかというと、**まずは自分がその姿を見せること**。

家族がどうであれ、いちいち怒らず落胆もせずに、自分や家族が帰って来るたびに喜んで玄関に置かれた靴を下駄箱にしまうのを繰り返すしかありません。

他人を変えることはできませんから、自らの背中で見せていくという手段しかないと思ってください。まず投げかけるのは自分からです。

開運を考えるなら、下駄箱の上（ほか、上に置けるスペース）には、できれば生花だけを置いてください。しかも玄関に置くべき花というのは決まっています。

それは柊《ひいらぎ》と南天《なんてん》。この柊と南天は最強の魔除けですから、ぜひ置いてほしいアイテムです。

面白いことに、家の中に置いた南天の花が咲くのは、波動の高い家のみなのです。だから、家の中に置いておいて南天が咲くのかどうかというのは1つのポイントです。試してみるといいと思います。

あとは家の北東に、もし庭があって植えられそうなら柊と南天を植えてほしい。そうすると鬼門から邪気が入ってきにくくなります。

ちなみに、なぜ下駄箱の上に柊と南天以外置いてはいけないかというと、モノが増えると掃除がしにくくなるからです。いっぱいモノが置いてあったら、毎回全部どかして拭き掃除をすることになり手間がかかります。

別にあなたが心地いいのであればいいのですが、できれば写真などの飾り物は避けたほうがいいでしょう。玄関からは運気を上げる旺気が入ってきますので、そこにはホコリが溜まらないように、いつもすっきりきれいにしておけるよう工夫をしたいものです。ホコリ＝邪気なのですから。

とくに、玄関には人形やぬいぐるみを絶対に置いてはいけません。下駄箱の上に人や動物の形をしたものを置くのは御法度《ごはっと》です。人間は1歩でも外に出るといろいろな目に見えないものを連れて帰って来てしまうことがあるからです。

つまり、低級霊や動物霊たちを引き連れてしまうのです。どんなモノが憑《つ》いてくるのかは自分の波動とリンクしているので、外に出たときに機嫌が悪かったり、イラッとしていると、そういう感情に同調した者たちがあなたに憑いてきてしまいます。

これはラジオの周波数と一緒で、波動が落ちたときには、低級霊たちと周波数が合いやすくなるのです。

運気を下げる最大の原因は、いつまでも不機嫌でいること。たとえば「疲れた」という言葉を言って玄関に入ることは禁物です。この「疲れた」という言葉の語源は「憑かれた」、つまり「憑依《ひょうい》された」という意味で、「ああ、憑依されたわ」と言って玄関に入ってきた瞬間、もう1人新しいやつが本当に憑いてきてしまいます。そして、玄関に人形やぬいぐるみがあると喜んでそれに入ってしまいます。

あなた自身は波動が高いから連れて帰ることはないかもしれません。しかし、あなたの家には宅配便も来るし、いろいろな人たちが訪れて来るわけですから置かないことに越したことはありません。

あとは下駄箱の中。実は下駄箱の中は邪気だらけ。いろいろなところを踏み散らかした靴が入っています。

下駄箱を開けて、靴を全部出して、まずはいらない靴は捨ててください。そして、下駄箱の中を徹底的にきれいにしましょう。邪気というものは下のほうに溜まるので、下駄箱の下も徹底的にきれいにします。

私がおすすめしているのは、下駄箱に人工芝を置くことです。そうすれば靴の底から出る土や砂を、掃除の際にいちいち掃くことなく、敷物をきれいにすれば済みます。もちろん、定期的に洗う必要はあるかもしれませんが、けっこう簡単な方法なので試してみてもいいでしょう。

「玄関マットはどうしたらいいですか」という質問も受けますが、邪気というのは足の裏に溜まるわけです。ですから、もし置くなら定期的に洗って太陽の下に干すこと。しかも交換サイクルを早くしてください。できればワンシーズンに1枚。春夏秋冬チェンジしてほしいですね。

もちろん玄関のたたきの部分も拭き掃除をしてきれいにしておくことは言うまでもありません。

最後に、玄関はぜひいい匂いをさせてほしい。自分の好きな匂いでかまいませんので、できればお香を焚いてください。煙は魔除けになりますから、煙が下駄箱の中にも下にもいくようにして、1回邪気ばらいをすることをおすすめします。

くれぐれも火事にならないように気をつけて。

以上、玄関をいつもきれいにしておくと旺気が入りやすくなってきます。ぜひやってみてください。

全捨離は、まずは服から捨てなさい

全捨離には、勢いとスピード感が必要です。

いろいろなモノを手離し出すと、一気に加速してどんどん捨てていけるようになります。この勢いとスピード感はすごく大切で、**人生が変わっていく人は一気にやるから**なのです。行動の速い人は、スイッチが入ると速いのですぐに一気に手離していくものです。

そのなかで、最も手っ取り早いのは**「洋服を捨てる」**こと。

とくに女性は比較的、洋服が異常なまでに多い傾向があるので、まずは洋服から手離してほしいのです。洋服は基本的に、季節ごとに気に入ったものしか着ませんから、ローテーションからはずれた衣類はもういらないでしょう。

値段の高い上着や晴れ着を買って長く着るのは、それはそれで素晴らしいことですので問題はないのですが、ローテーションやあなたの関心からはずれた服は、着ないのですから捨てていきます。

私は捨てるサイクルを早くすることを提唱しているので、とくに下着や靴下は消費期限1カ月と決めています。毎月月末になったら新しい下着と靴下を用意します。私は清潔感のあるモノで身を包むと決めています。

実際に、運を気にしている私の周りの人の中には、新しい下着と新しい靴下以外は

絶対身につけないという人もいます。1回使ったらもうその下着と靴下は捨ててしまうんだそうです。

これはかなり意識が高い。もったいないと言われそうですが、**もったいないを取るか運気を取るか**なのです。

「新しいパンツをはいているといいことがある」という験担《げんかつ》ぎとして、新しい下着は有効です。

たとえばプロ野球選手など、ホームランを打った日のパンツは次の日も取り替えずに、そのパンツをはくということをしたりする人もいます。

こうした考え方は、すでにその人の心の中で完結していることで、そのパンツをはいていると明日も活躍できると決めているからこそ、それが現実になっていくのです。

ちなみに、使わない化粧品を捨てずに持っていると、お肌のトラブルの原因にもなりますよ。

消費期限は1カ月

モノに対して一番ダメな接し方は「放置」すること。人はモノをつい放置してしまいがちです。使う機会はないけれど、どうしてもとっておきたいなら、定期的にそのモノを手に取ったり手入れをしたりして、「ありがとう」と声をかけてあげることが必要です。

そうすれば、少しはモノのマイナス感情波動も和らぎます。やはり大切にしたモノからしか大切にしてもらえないですから。洋服もそうですし、人もモノもなんでもそうです。

そうした場合、着ないけどもったいないから捨てられない高価な服を売ったほうがいいと思う人もいるでしょう。「メルカリで売ります」とか「フリマで売ります」と考えるかもしれません。

しかし、そういう人で本当に出品して売り切れる人はそれほどいません。手間も時間もかかってしまうので、ついつい先延ばしにしてしまう。そうであれば、いっそのこと欲しい人にあげてしまうとか、思い切って一気に捨ててしまうしかありません。

トラック業者を呼んで「全部持っていってください」というくらいの覚悟があるといいのかもしれません。

全捨離はスピード感が命。時間が大切です。このスピード感に優るものはないのです。これは世の成功者にも共通して言えることで、「あなたが一番大切にしているものは何ですか？」と聞くと、ほぼ全員が「時間」と答えます。

時間はお金では買えません。だからスピードに乗って、波に乗っている人は、運が上昇するのも速いのです。

人生は0か100しかありません。中途半端では変わりません。やるなら一気にやる、なのです。

私はまず「45リットルのビニール袋100袋ぐらいがスタートだよ」と言っています。ワンルームの独り暮らしで100袋分のモノなんてないかもしれませんが、家族がいて、1軒家で部屋数も人数も多い家に住んでいれば、それくらいの量になっているはずです。何も考えずにモノを溜めてきた人など、100袋分のモノなんかはすぐに集まってしまいます。

運をよくしたいなら、まずは全捨離。これが開運のスタートです。

☒全捨離を始めたとたんに奇跡が起こったネットパン屋の女性

全捨離の例で、私が今までで一番すごいと思ったのは、プロローグでも触れたパン屋さんの女性です。彼女はもともと会社で事務職として働いていました。パンを焼くのが趣味で、いつも焼きたてのパンを会社に持って行っては、みんなにおすそ分けしていました。

会社中であまりにも評判になり、「おいしい。あなたパン屋さんをやったほうがいいよ」と言われ、趣味を仕事にしたいと本気で思って一念発起。

「私は本当にパンが好きだからパン屋をやります」

と会社を辞めて、ネットでパンを売るサービスを始めたのです。

しかし、始めてはみたもののパンはまったく売れず、どうしたらいいものかと途方に暮れていました。そんななか「人生を変えたい」と思い、私がやっていた「全捨離道場」という塾に来たのです。

全捨離道場は半年の講座で、その第1回目の講義で、

「とりあえず、みなさん何も考えずに手離していきましょう」

と私が提案すると、彼女は何かを感じたのか、

「私、今日家に帰って全部捨てます」

と宣言して、そのあとの懇親会も出ずにいそいで帰って行きました。

それまでは注文もほとんど入ってこない新設のホームページを前に、一生懸命にブログやSNSで広めようと頑張っていたのですが、まったく結果がついてこない状態だったのです。

そんな状況にもかかわらず、塾に参加したとたんスイッチが入り、心の中で、

「自分は絶対に人生を変えてみせる！　もうほかに術《すべ》はない。全部捨てる！」

と覚悟を決めたのです。走って帰って行った彼女の姿は凛々《りり》しく、すっきりとした横顔は今でも忘れられません。

テンションが高いまま、帰宅するなりバリバリと捨てていたとき、すでに運がめぐってきました。

いいときでも1カ月に数件しかこなかったはずの注文が、その夜だけで3件の注文が入ったのです。覚悟を決めて家のモノを手離し始めたとたんに、運が大きく変わったのです。

全捨離をまだ始めたばかり。まだやり切っているわけでもなく、ほんの一部しか終

わっていないのにもかかわらず、今までの状況にいた彼女にとって、到底信じられないような結果がやってきたのです。

私はこれを**「前倒しの法則」**と呼んでいます。

この前倒しの法則は、宇宙から見ている神様が「この人は、すべてやり遂げる」と認めた瞬間に、奇跡的な現象を起こしてくれるというものです。やはり神様はわかるわけです。この人が目の前のことを、「いつ始めていつやめるのか、やり遂げるのかやり遂げないのか」をよくわかっていらっしゃる。

だから「この人は絶対やり遂げる」と認められた瞬間に、前倒しでご褒美が与えられることがあるのです。

私のところには「なぜか全捨離をやっている最中に、もう人生が変わってしまいました」という報告がたくさんきます。

「臨時収入が数百万円も入ってきました」とか「自分の行きたかった会社から内定をもらいました」など、全捨離を始めた瞬間から変わる人というのは、「自分はやり遂げる」と心が決まっている人です。だからこそ、面白い現象が降りかかってくるのです。人は心で覚悟した時点で、運命が動き出します。

その後、パン屋さんを始めた女性はどうなったのか。

笑ってしまうことに、彼女は半年講座なのにもかかわらず、2カ月目から最後の講座まで1回も来なかったのです。

なぜならば、パンの注文がとまらなくなってしまったからです。

「月に数件の注文だったのに、あまりにもたくさんくるようになって、パンを焼くのが忙しくてもう塾には行けません」

私の講座には二度と来てもらえなくなってしまったのです（笑）。

でもそれは最高のこと。その女性は、全捨離後の写真を講座の仲間に送ってきてくれましたが、本当に部屋から何もなくなっていましたから。

運がよくなると忙しくなるのです。

⊠徹底的に全捨離するなら「水回り」をきれいにすること

全捨離のすごさは、先述のパン屋さんの女性の話でもおわかりいただけたと思います。そこで徹底的に全捨離しようと決意した方に、さらにいくつか、私のおすすめしている全捨離法をお伝えしましょう。

やはり気を使ってほしいのは「水回り」です。ここは一番汚れやすいところですから、放っておくと邪気が溜まっていきます。

溜まったモノはすみやかに捨てる。これだけで、あなたの運はどんどんよくなっていきます。

お風呂には邪気が集まる

お風呂は、とくに排水口の髪の毛に気を配ってください。

抜けた髪の毛は邪気の巣窟《そうくつ》ですから、お風呂を最後に使った人が排水口の髪の毛をきれいに捨てるだけで解消できます。

あと湯船に使った水は、絶対次の日には使わないというのも大切なルール。追い焚きをして使う人がほとんどでしょうが、運を上げたいならやめたほうがいい。その日のお湯はその日のうちに捨ててしまうことです。水は溜めておいてはいけません。

というのも、お風呂に入ると汗をかきます。実はこの汗と一緒に邪気が出ているのです。体についた汚れや垢もお湯に浮きますし、その邪気や汚れをそのまま水中で放置するのは大問題なのです。

もし捨てないで翌日も使うとなると、家族全員が前日1日分の邪気を出し切った〝邪気風呂〟に浸かることになってしまいます。

毎日お湯を捨てたらきれいにして、排水口の蓋も絶対に閉めてほしいと思います。そして、きれいに浴槽を磨いて洗い流したら、浴槽の栓も閉めてください。

なぜかと言うと、邪気が排水溝の下から上がってくるからです。最近のお風呂だと乾燥機がついていると思います。その乾燥機をつけて、できれば水分は拭き取ります。浴室から水気をなくすとより清潔を保てます。

ヌメヌメ、異臭、カビが邪気を呼ぶのです。

「台所には必要のないモノだらけ」

台所がまた問題で、ほとんどの家でいらないモノが最もたくさん集まっているところです。おそらく45リットルのビニール袋10袋分は不要なモノが出てくるはずです。台所のシンクの下や上の棚を開けて、台所にあるものを一度全部出して床に並べたら、あなたもぞっとするほどの数のモノが出てくるでしょう。

ふだんシンクの下の奥のほうを見ることがないと思います。何があるかさえ忘れているはずです。よくあるパターンが、砂糖や塩などの調味料をストックしておいたままで、自分でストックしたことさえ忘れて、また買ってきてしまうというパターンです。

これは運を下げる「負の連鎖」が起こっている証拠です。

台所にはいらないモノが本当にたくさんあるのです。何かを買い足す前に、まずは手離してスペースを空けることを意識したほうがいいでしょう。

たとえば、フライパンや鍋は、小さいサイズから、真ん中のサイズ、大きいサイズ、特大のサイズまでいくつもあります。そもそも一般家庭でそんなに種類が必要かと思ってしまいます。いかにモノを減らしていけるかが課題です。

また、箸《はし》やスプーン、フォークなど、家族の分を超えてプラスチックのフォークやコンビニでもらった割り箸まで無限にあったりします。これもいらないはずですので捨てるべきです。

私の家も昔は食器棚がありました。しかし、よくよく考えたら食器棚の中に入っている食器はほとんど使わないことに気づいて、食器棚は捨ててしまいました。

結局、台所のシンクの下や上のモノを徹底的に減らしたら、お皿やコップも食器棚に収納する必要がなくなってしまいます。その分、床面積も広がります。

ちなみに、私が床面積を広げるために手離したものを紹介すると……。

ベッド、洋服ダンス、食器棚、ソファー、本棚。この5つはまず手離しました。

また、**台所は仕事運と直結**しているのです。台所＝仕事運ですから、仕事運を上げたかったら徹底的に台所を磨くこと。常にピカピカでなければ仕事運は上がってきません。

さらに、**冷蔵庫というのは財布と直結**しているので、冷蔵庫＝財布。冷蔵庫の中に賞味期限切れのモノや、いつのものかわからない調味料などを入れていると、金運がなくなっていきます。

あとは、冷蔵庫の中に保冷剤をたくさん入れている人がいたりします。10個以上入っている人もいる。これは臨時出費を呼んでしまいます。

さらに言うと、壊れた電気製品も臨時出費につながってきます。たとえば、テレビが壊れた、パソコンが壊れたという状況になって、部屋の隅やどこか端っこに置いておいてずっと放置してしまうことがあります。あれも臨時出費につながることを覚えておいてください。

これは絶対にマストです。開運の絶対条件ですから。

⊠できるのならば最強。千倍吉方位への引っ越しのすすめ

引っ越しについては、運を大きく左右する重要なことなのですが、もうこれは方位学の範疇《はんちゅう》に関わってきますので、詳しくは述べません。

全捨離したからといって運気が上がるという意味ではなく、開運しやすい環境づくりができるかどうかということ。ですから、千倍吉方位という方位に引っ越しをすることが最強パターンになります（もちろん、できる方にかぎりますが）。

私が提唱する環境づくりは引っ越しです。

とくに運を変えるワンツーフィニッシュは、1つ目に「8割捨てる」、2つ目に「千倍吉方位への引っ越し」です。

8割捨てて、千倍吉方位に引っ越していけば、もれなく人生は変わります。

なぜならば、目に映る景色が100%変わりますから。そこにマイナス感情波動もなくなったらまさに最強。これで変わらない人はほぼいません。

全捨離を邪魔するものの正体

全捨離をしようと決心していざ取りかかるときに、実は8割もの人が体調をおかしくしてしまいます。この本を読んで全捨離をやろうと決めて、ビニール袋を用意して、徹底的にやろうと思ったときに、実際に8割の人は体調が悪くなるのです。

なぜかと言うと、その家に住む**邪気の仕業**です。結局、モノが減っていくというのは、邪気にとってみれば死活問題で、きれいな家は居心地が悪い。邪気が好む最高に住みやすい環境は、モノに満ちあふれていて、ホコリだらけ。おまけに住んでいる人の機嫌がいつも悪い。そんな家の中には「もう最高！」と邪気が大喜びで居座っています。

夫婦が不仲、家庭内暴力、就職難、病気にウツにひきこもり……。いつも誰かが喧《けん》嘩《か》をして、暴れたり悩んだりしているような状態は、邪気にとって最高の環境。怒鳴り声などは最高のおかずなのです。

「今日も強烈な怒鳴り声で、メシがうまいな」と。

喧嘩が始まるだけで、「おーい、メシ持ってこい」というような感じなのです。

だから喧嘩が始まると、もうそこはリングです。邪気は「もっとやれ、やれやれ！」と言って檄《げき》を飛ばして応援しているのです。

汚れた家は、まさに四角いジャングルですよ。

この邪気というやつは、本当にやっかいです。

たとえば、衝動買い。アマゾンを見ていて「あぁー、ちょっとお金がないけど、買っちゃおう」とポチッと押すこと、これはすべて**あなたのマイナス感情波動に邪気が憑依した結果**です。

ダイエットしなければいけないと思っているのに、気がついたら冷蔵庫の前に座ってハーゲンダッツを食べていたとか、お酒を飲んじゃいけないというのに気がついたら缶ビール飲んでいたとか、いろいろなパターンがありますが、これも憑依です。

こうした憑依してくるやつらに1人でも多く出て行ってもらうためには、モノを手離す必要があります。しかし、そうすると邪気にとっては居心地が悪くなるので、「やめてくれ」とあなたに乗っかってくるのです。

全捨離を始めようとすると体調が悪くなるのは、これが原因。実は邪気の正体だったのです。きれいになっていくのを邪魔しにかかるということですね。

家の中には本当にたくさんの邪気がいるということを、ここで再認識しないといけません。

これが全捨離開始のサインですよ。サイン、コサイン、タンジェント！

⊠邪気に襲われたときの対処法

せっかく全捨離をしようとしても、突然に体調が悪くなる……そんな場合に備えて、邪気に襲われた対処法をお伝えしましょう（かゆいところまで手が届く本でしょ）。

実は私も、邪気にやられた経験が無限と言えるほどたくさんあります。

やつらにやられるのも悔しいので、邪気と闘って徹底的に手離すことをしなければなりません。邪気がいなくなってからが本当の人生ですから。

さて、あらかじめ用意しておいてほしいモノは、私が講演やユーチューブでいつも言っている**「波動の塩」**、それと**「日本酒」**です。

オンラインショップで1袋が2000円くらいで売っているので、これをお風呂に入るときに、1袋全部どばどばと入れて、追い焚きかけて熱くします。お風呂に入る前に水を1リットルぐらい持って行って、その水をガブガブ飲みながら汗を思い切りかきます。邪気は汗とともに出ていくからです。

そして、湯船に浸かりながら日本酒を頭からかぶる。そのときの体調によって1合、2合、3合と量を調整しながら、とにかく汗をたくさんかくことが大切です。

ただし、塩を入れて追い焚きすると、風呂釜が壊れる可能性があります。それは自己責任でやってくださいね。

実際に実践してみると、邪気にやられている人というのは、お湯の色が十円玉の色になります。

一度、それを私に写メで送ってきた人がいます。

「櫻庭さん、なんかお湯の色が十円玉の色になったんですけど、どういう因果でしょうかね」と。

これはどうか本当にやめてくださいね。因果も何もあなたの邪気そのものですから。

以上、そうやって邪気と闘いながら家をきれいにしていく。邪気と闘いながらも全捨離を実践していけば、必ず面白い現象が降りかかってきます。
全捨離は開運しやすくなる準備です。あなたもここからスタートしましょう。

第5章

「健康運」をアップさせる超実践的な方法

⊠健康運もあなたの実践によって変わる

健康は多くの人にとって、おそらく最も重要なことでしょう。何しろお金があっても健康でなければ、人生は不幸そのものだからです。

巷には健康食品があふれ、もう何にあやかっていいかわからないほどです。しかし、健康運に関しては毎日の習慣が左右します。とくに、人は寝ないと生きていけませんから、運をよくしたければここにも気を配らなければいけません。

ということで、最初に運がよくなる実践方法を解説していきましょう。

［健康運をアップする実践法］

❶寝ている間に運気は蓄えられる

運気は寝ているときに頭の上の第7チャクラから入ってきます。

ですから、寝るときは頭の上には何も置かないのが吉。

❷毎日寝間着を変える

運気は寝ているときに熟成されるので、パジャマなどの寝間着や寝具類は常に清潔に保たなければいけません。

❸病気は邪気・生き霊が原因

「病は気から」と言いますが正確には違います。「病は邪気から」です。病気という漢字を見てほしいのですが、身体が病んでいくのであれば〝病体〟と言うはずなのに「気が病む」と書いて病気となっています。気が病むことによって病気になり、その病んだ気が「元」に戻って元気となります。そこにはちゃんと理に適った意味があるのです。

ホコリはNG！
寝具、寝まきは清潔に！
頭の上は
運気の通り道
なので何も
置かない！

㉜寝室は自分に合った場所が一番いい

寝室には置かないほうがいいものがあります。それは本棚です。寝室と本棚は相性が悪いため、できれば寝室に本棚がないほうがいいのです。というのも、紙は邪気を吸うので本を置いていると自然に邪気が溜まります（本棚にはホコリも溜まりやすい）。

寝室の波動の良し悪しは、朝の目覚めの状態でわかるので、目覚めの状態を確認してみてください。たとえば、家の中で東西南北がわかったら、どこで寝るかは**北東と南西以外**がベスト。できればあちこち試してみてください。

試しに、本棚のある部屋で寝ると朝の体調がどうなるのか、また違う部屋、違う場所で、毎日毎日模索しながら実験してみるのもおすすめです。ここに寝たら自分は気分がいい、朝の寝起きがいいと思えば、そこがあなたのベストな睡眠場所です。そこがわかったら、ずっとその場所で寝ればいいのです。

ちなみに私は、北西の北枕で寝ています。いろいろ試してみた結果、それが一番身体に合う位置でした。

私もまだまだ試行錯誤の状態ですが、こればかりは毎日試してみるほかありません。

北枕、南枕、西枕、東枕、北東枕とか、方位も8つありますから、8日間試してみるとちょうど1周しますので、自分にあった寝床を探してみてください。

たとえば、家の中のいろいろなところで寝てみて、自分で点数をつけたらいいと思いますよ。一番点数のいいところで寝ればいいわけですから。

☒疲れを取るのは睡眠時間ではなく空気の透明度

睡眠というのは、その場の空気が最も大事です。寝室は自分の身体の疲れを癒すところだから絶対に必要なのは**空気清浄機**です。

空気清浄機は24時間つけっぱなしにすることが一番重要。睡眠というのは時間を長く取ればいいと思っている人もいますが、それは勘違いです。

実は、睡眠は時間ではなく、**空気の透明度の問題**なのです。

なぜ空気の透明度かと言うと、人間は空気の透明度の高いところで寝ると深い呼吸をし、空気の透明度が低いところで寝ると浅い呼吸をするというＤＮＡが身体に埋め込まれているからです。

つまり、睡眠というのは呼吸だったのです。無呼吸症候群の人がいますが、そういう人は朝起きてもまったく疲れが取れていません。なぜかと言うと呼吸が浅いからです。だから、いかに空気の透明度の高いところで寝るかが勝負なわけです。

それにはまず、寝室の壁や天井を掃除してください。壁の高いところはなかなか掃除しないものです。しかし、目には見えないけれど壁というのはホコリだらけなのです。真っ白い雑巾で拭いてみたらびっくりするはず。こんなに真っ黒になるのかと思うくらいです。あと天井も真っ黒になります。1回掃除したらわかりますよ。

とにかく睡眠時間が短くても深い呼吸をすることが、睡眠で疲れを癒す最高の条件です。

重要なのは睡眠中の深い呼吸。深い呼吸であれば4時間半寝たらもう十分だと実感できます。「8時間寝なきゃいけない」と言う人がいますが、試しに1度、本当に空気のきれいな部屋で寝てみてください。その素晴らしさを実感できるはずです。

33 ベッドと布団、どちらが健康運がよくなるのか

ベッドと布団、どちらで寝るのがいいのか、この質問は多くきます。

私はベッドをおすすめしていません。**できればベッドではなく布団のほうがいいのです。**

というのは、ベッドのマットレスはけっこう邪気を吸ってしまうからです。マットレスはヌリカベみたいな大きさで重いですよね。それを洗ったり、持って歩いてベランダに干したりする人はなかなかいないでしょう。

本来、日光に干すことは邪気払いになります。しかし、ベッドのマットレスは置きっぱなしですので、邪気をはらうことができません。

このマットレスの年数が経つにつれ体調も悪くなってきます。ベッドを10年以上使っていますという人がいるのですが、10年間、太陽の光の下に1回も干していないのですよ。こういう人は、マットレスに邪気が500億ぐらい入っているようなイメージです。

しかもベッドの下はホコリだらけ。最近はベッドの下が空いていて、掃除機をかけやすい機能がある製品もありますが、ベッドの下をこまめに掃除する人はあまりいま

せん。

たとえば、年末の大掃除になってベッドをどかして床を掃除すると、それこそホコリだらけで、塊になって出てくると思います。

ホコリ＝邪気ですから、邪気の上で睡眠を取ったところで疲れを取ることはできないのです。

そういった意味で、できれば布団にしたほうがいい。ベッドを取っ払ってそこに布団を敷く。朝起きたら３つ折りにして押し入れにしまう。そうすると床面積も広がります。

全捨離のところでも言いましたが、私が一番提唱しているのは、いかに床面積を広げるのかに命をかけるかということです。だから、ベッドがなくなればものすごく床面積が広がります。

「うちは押し入れがないのですが、どうしたらいいですか」という人は、布団を３つ折りにしてはじっこのほうに置いておけばいいだけです。それだけでもベッドよりは清潔ですし、床面積も広がります。

☒布団は高価なものではなく1年で取り換える

［布団の消費期限］

布団にも消費期限があります。

期限は1年です。それほど高価な布団を買う必要はありません。それよりも換えるサイクルを早くしていくほうをおすすめします。

布団を清潔に保つには、とにかく太陽の光に干すこと。お日様の光を浴びた布団や寝具は、ふかふかで邪気もいなくなっています。そういう布団で寝ると、運気が寝てるときにつくられ、熟成されていくのが実感できます。目覚めも1日の充実感も違ってくるのです。

［健康運には、やはり早寝早起き］

運気を上げるには、やはり早く寝ることが大事です。

そして、運の高い人はほぼ早寝早起きです。別に早起きではなくても運が高い人もいますが、私の師匠には「朝早く起きたほうがいいよ」といつも言われています。

実は1日の中で、早朝の空気が最も波動が高いと言われています。だから、朝の6

時までには絶対に起きてほしいと思います。また、睡眠のゴールデンタイムというのは夜10時から始まります。それゆえ、日をまたいで起きていてはいけないのだそうです。日付が変わる前に寝ましょうということです。睡眠に関して、夜中に寝ざるを得ない人もたくさんいますので、毎日とは言いませんが、できれば布団を干した日には早く寝たいものです。

邪気のない布団で、睡眠のゴールデンタイムに寝れば、翌日の目覚めのよさにやめられなくなるかもしれませんよ。

第6章

あなたの夢を叶える、具体的な夢の引き寄せ方

運がよくなる「引き寄せ」はワクワク感で未来をイメージ

『ザ・シークレット』『ザ・マジック』など、有名な引き寄せの本がたくさん書店に並んでいます。私もつい買ってしまうのですが、想像以上に分厚いので最後まで読み切れないものもあります。

実は「引き寄せの法則」の本質は3つしかありません。

それは**不安・恐れ・ワクワク**を引き寄せることなのです。

その3つの中で、自分が日常生活でどれだけワクワクできているかというのが、運がよくなるためにはものすごく重要です。

ふだんの生活で、なかなかワクワクすることは多くはありません。しかし、ワクワクしないのであれば、まず何も起こっていない状態でワクワクしてみたらいいじゃないかということです。

このワクワク感を持つためにどうしたらいいかというと、自分の中で「夢や希望や願望」が叶ったところを**プチ瞑想**するのです。

このプチ瞑想で、自分が夢にまで見ているようなことを実際に想像し、すでに叶ったかの状態まで落とし込んでいくのです。あなたの夢や希望や願望が叶った場面をイメージしたら、すごくワクワクするはずです。

あなたが思い描く世界の中で、現実にはまだ叶ってはいないとしても、こんな素晴らしいことが起きたとか、あの人にこんなうれしいことを言われたとかを具体的に想像するだけでワクワクしてきます。

つまり、このワクワクのイメージを日常生活にどれだけ落とし込んでいくのかが大事だということです。

これは絶対やってみてほしいことです。ノウハウをいくら学んでも、自分の人生に引き寄せないと意味がないのです。

⊠夢を引き寄せるには「準備」するしかない

プチ瞑想のやり方には、とくにルールはないのですが、自分の夢や希望や願望が叶ったところを、ただただ想像して五感に浸ることだけです。

これであれば、10秒もあったらできるでしょう。ただこのときに、いかにリアルに五感をフルに刺激して全身全霊で喜べるかというところがポイントです。

五感をフルに刺激するという絶好の例があります。

たとえば一流のアスリートの中で、メンタルリハーサルをしていない選手は1人もいません。金メダル候補の高いレベルの選手は、メンタルリハーサルを絶対に怠らないのです。

私は昔、スピードスケートの清水宏保さんのトレーニングの様子をテレビで見たことがありました。

スケート競技自体、トレーニングももちろん超ストイックなのですが、当日にありとあらゆる事態を想定して、その1つひとつに対する心の準備も徹底的に積んでいるのです。世界一を目指す一流の選手にとって、金メダルに対する準備は本当にすごいと感心しました。

宇宙の法則の中に、私のお気に入りのフレーズがあります。

準備なきものには、いっさいの介入をしないという言葉です。

多くの人には夢や希望や願望があって、こうなりたいという大きな夢がある人もいますが、多くの人が叶いません。

宇宙の法則は78対22というように、78%の人は夢が叶わない。統計的に言えばだいたい2割の人しか夢は叶わないということです。

約8割の人は夢が叶わないわけですが、なぜ叶わないのかという答えは簡単。**準備が足りないから**です。

何しろ、準備なきものには、いっさいの介入をしないという宇宙の法則があるわけですから、しっかりと準備している人にしか夢を叶えることはできないのです。

ですから、清水宏保さんの金メダルに対する準備の仕方は尋常ではなかったのです。金メダルを取るというのは、時の運でしかありません。技術的には紙一重の差しかないくらいの超エリート選手たちが勝負しているのです。

どの色のメダルをゲットできるかは、まさに時の運だと私は思っています。

清水選手の話に戻ると、彼はとある番組の中で、メンタルリハーサルというテーマで取り上げられていました。

スピードスケートの本番勝負では、自分の中でいろいろなことを想定しておかなければなりません。そのなかで最も重要なスキルというのが、メンタルの強さなのです。

一流のアスリートは、みんなメンタルが強いですから、そのなかから勝ち上がっていかなければならない厳しい世界です。

その裏づけはいったい何かというと、どれだけの準備をしてきているかということです。メダルを賭けた大きな舞台で、いつどんなアクシデントが起きるかわからない。そのアクシデントが起きた中でどれだけ自分を立て直せるのか、いかようにも対処できてしまう準備をしていなくては勝てないのです。

たとえば、スタートで自分がフライングしてしまうとか、隣の選手がフライングするとか、フライングが何回も続くことがあり得るわけです。そういったものも想定して、何が起こってもイライラせずに冷静に対処できるように準備しているのです。瞬時に切り替えていく。これはあなたでもトレーニングをすれば絶対にできるようになります。繰り返して準備すれば、あらゆる事態に対して動じないようになれます。

一流の人たちは、すべてこれを**逆算**で準備をしていきます。

たとえば、レースのスタート時間はあらかじめ決まっています。だから、レースの時間前の何時に寝て何時に起きるのかということまで、全部逆算して準備しているのです。

朝起きてから自分のテンションや体力が何時間後にピークにくるかということも計算して、最高の状態で最高のパフォーマンスを出せるようにすべてを逆算して準備をする。それはどんな職種や業界でもすべて一緒。成功者というのはすべて逆算しているのです。

そうした逆算が緻密に組まれているからこそ、何が起きたとしても動揺しなくなります。だから準備が完璧な人こそ、夢を叶えているのです。

「予祝」の世界観は夢を叶える近道

今、私の周りでは**予祝**《よしゅく》という言葉がすごく流行っています。予祝とは「予め祝う」ということで、私も予祝の考え方が好きでよく講演などで話をしています。

ひすいこたろうさんと大嶋啓介さんの共著『前祝いの法則』（小社刊）という本の中で予祝のことが十分に語られていますが、私もこの予祝をもうずいぶんと前から実践していました。

未来を先に祝ってしまうという予祝の考え方は、まさに世界観を表しています。いわゆるマイワールドというもので、この予祝は、言い方を変えると引き寄せでもあります。

1人ひとりいろいろな夢や希望や願望があると思います。「あんな夢、こんな夢、いっぱいあるけどー」と、ドラえもんに叶えてもらいたいような状態のなかで、その夢がどんなふうに叶っていくのか、ほとんどの人が漠然としか考えていません。

だから、夢は漠然としているだけにどうでもよくなって、何となく過ごしているうちにあきらめてしまうから、結局叶わないままなのです。

あなたは、その夢に対してどれだけのパッションを持っているのでしょうか。

本気であれば絶対にパッションがあるだろうし、それに伴った準備をしていくこともできます。

この世界観という考え方は、自分がその夢に対してどんな世界観を持っていて、あなたの夢が叶っていくと世界がどう変わっていくのか、そしてあなたの夢が叶うと、あなたに関わった人たちはどう変わって幸せになっていくのか、それが最も大事なのです。

この世界観ができていないと、運を引き寄せることは難しいのです。

夢の叶え方も具体的に実践できる

ここまで、夢を引き寄せるためには「ワクワク感」「準備」「逆算」「世界観」が必要という話をしてきましたが、これはあくまでも夢を引き寄せる〝考え方〟です。

15年間、こうしたことを研究してきた私に求められるのは、具体的な夢の叶え方。そう、実践法です。

「考え方はわかったから、どうすれば願いが叶うのか早く教えろ」

そんな声が聞こえてきそうですので、夢を叶える効果的な実践方法をお教えしましょう。ただし、これまでお話ししてきたことを踏まえたうえで実践すると、より効果的なことは言うまでもありません。夢を叶えたい人は、本気で実践されることを希望します。

［夢を引き寄せる実践法］

❶潜在意識の奥深くに落とし込む

夢はノートに書くと実現しやすくなります。夢ノートをつくって、寝る前に必ず書くことを習慣化しましょう。書き方は、その夢が叶っている姿を思い浮かべながら過去完了形で書くこと。書いたら枕元に置いて寝ます。そして、朝起きた瞬間にその夢ノートに書いたことを声に出して読みます。できれば、その夢が叶った姿を思い浮かべながら2度寝するのもおすすめです。これで潜在意識に落とし込むことに成功し、脳はすでに叶ったものと認識します。夢を引き寄せる原因を引き寄せるのです。

❷ 夢を引き寄せる「願文流し」

(A) 願いを神様に伝える方法

自分が心願していることを神様にお伝えする行動で、文字で書くことにより、さらに成就しやすくなります。書く文章は、もうすでに叶ってしまったかのように過去完了形で書くのがルールです。

(B) 願文の書き方

1文目は世界平和など、自分ごとではなく、周りの幸せを書きます。

2文目からは、心願をわかりやすく端的に真心込めて書くこと。

(C) 願文を川に流す

書いた願文を川に流します。願文を流す際は誰にも見られてはいけません。そして、定められた時間で行うことです。

川に流したあとは、見えなくなるまで宇宙に感謝しつつ、成就した姿を強く思い浮かべます。

願文はただ夢を書くのではない

夢をノートに書く、運の高い人や成功者と知り合いになるなどは、現在でもさまざまな本に書かれています。ですので、まずここでは直接的な実践法である「願文流し」について解説していきたいと思います。

願文流しというのは、願いごとを紙に書いて川に流すという儀式です。

どの川でもOK。
ただし、最も効力を
発揮させたいなら人それぞれ
流す時間が違う

ただこの話をする前に、願文の内容そのものが肝心ということをお伝えしておかなければなりません。

こんな話がよくあります。

受験生が「東大絶対合格！」と書いて壁に貼るという光景がありますよね。これは本当によく見かけるパターンです。書くという行為は、それ自体、本当に素晴らしいことです。

私もさんざん紙に願いごとを書いて叶えてきた人間なので、その大切さや想いは本当に実感しています。

言霊というように、話す言葉にも力があって、書いた言葉同様に力が宿りますが、それ以上に書くということがとても大切なのですが、ただ書くだけでは点数的に言えば2点ぐらい。やらないよりはマシですが、合格点にはほど遠いのです。

☒書く言葉には未来という時間の概念が重要

私は8～9年前に師匠に言われて、当時はまったく意味がわからなかったことがあります。

それは「時間の概念って、どういうふうに流れているかわかるか」と言われたときのことです。

普通に考えれば、時間の概念は簡単です。「過去、現在、未来」と誰だって思うでしょう。

だから私も「過去から現在、現在から未来でしょう」と師匠に言うと、「それは違うよ」と言われたのです。

「時間というのは、未来から現在、現在から過去へ流れているんだよ。だから人間のスタートというのは死ぬときであり、ゴールは生まれるときだ」

私は「ハァ？　何言ってるんですか？　師匠、頭大丈夫ですか？」と、本気で思っていたのです。

この真意が腑に落ちるまで、実に8年ほどかかりました。

時間をひと言で言うとしたら、**未来に結果をつくる**ということです。

実は、時間は未来から現在に流れ込んできています。成功者のほとんどの人たちが未来に結果をつくっている。彼らは肯定的な勘違いをするのです。

偉大な人は、みんな肯定的な勘違いをしています。どういうことかと言うと、多くの人ができもしないのにと思っていることを、できると勘違いをして、それを信じ込んでいるということです。

このような成功モデルは無限にあります。

未来に結果をつくるとは、具体的にどういうことかと言うと、たとえば先ほどの「東大絶対合格！」です。

東大に合格する日はわかっているのです。たとえば、合格発表の日が3月1日だとします。さらに合格が発表される時間は朝9時だとします。そしたら、もう3月1日の朝の9時には東大に合格しているか落ちているかはわかるのです。

まずそのことを意識したら、この「東大絶対合格！」と書く文面も変わってくるわけです。

もし書くのであれば、こういうふうに書かなければいけません。

「2020年3月1日　朝9時　東大に合格することができました、本当にありがとうございました。私の成功、豊かさや幸せは、私に関わるすべての人の成功や豊かさ、幸せにつながっています。ありがとうございます。私の仕事は神様の仕事です。この世を幸せにするために生まれてきました。私は成功することを知っています。円満具足、神恩感謝、高橋ユミコ♪」

ちなみにこの高橋ユミコというのは、私が中学のときにつき合っていた女の子です（笑）。

それはさておき、これが完璧な願文だということです。

本来、東大合格のためには、このように書かなければいけないのです。

この願文は、まず未来に結果をつくっているのだから、まさに完璧。自我の欲求を満たすためではなく、自分の得た豊かさや成功が、周りの誰をも幸せにするために未来をつくっているからです。

宇宙から見ている神様は、**けっしてあなただけを幸せにしたいのではない**のです。あなたが幸せになったとき、その余波がどうなっていくのかを知りたいのです。あなたを幸せにすることによっていったい誰が喜んでくれるのだろうか、いったい世界はどう変わるのだろうかと。

そして、これを願文にすることによって、その余波を自分でつくることができるのです。

㉑未来を先につくってしまえば、あとはワクワクするだけでいい

願文を書くには、成功の瞬間というのを五感を使ってリアルに思い浮かべなければいけません。

たとえば、2020年3月1日の朝9時に、合格する未来をまず想定するとします。最近はネットで合格発表がされますが、私の時代は学校にでかい紙が貼られ合格者の番号だけが書いてありました。

それはともかく、大切なのは東大に入りたいのであれば、試験を受ける前に絶対に東大に1回は行かないとダメです。時間があるのであれば、東大キャンパスのカフェテリアで、ランチやお茶をしてほしいのです。

東大に合格したいのであれば、実際に東大に通ってキャンパスライフを満喫している人たちと、その場所で一緒にご飯を食べることで**波動干渉**が生まれるからです。

つまり、現役の東大生の波動を受けているということです。

願文を絶対に過去完了形で書かなければいけないというのは、毎日書いて、それを

毎日壁に貼ることが必要です。貼りっぱなしではなく、完了した形でその夢に干渉し続けることで、あなたによい波動が生まれていきます。

そして、毎日書いて壁に貼った言葉を声に出して読んで、ニヤニヤしながら合格したときの感情を味わうのです。

そこまでが型、つまり開運の技術ですが、考えただけでもワクワクしてきますよね。実際に東大に入った自分というのを思い浮かべながら、その妄想をリアルに感じて、ニヤニヤ、ワクワクするのです。

そして、書いた紙を手離すとき（貼り替えるとき）には、**「ありがとう」という感謝の気持ち**を込めてください。

この一連の作業をすれば、すでに未来は決まっているのだから、あとは心の中で何を完結しているかにかかっています。人は心の中で完結していることしか引き寄せることができないので、東大に合格していることを事実として、先に未来に結果をつくるのです。

これは「因果の法則」も同じでしょう。原因があるから結果がある。その原因のために、自分で動かないといけないのです。

未来にきちんと結果をつくっていれば、必ず自分のところに原因がやってきます。

XX 大切なのは結果をつくり、細かな目標設定をすること

願文を書くときに肝心なことは、自分が成功することによって周りの人も豊かになるという要素が入っていることです。これは絶対的なルールというわけではありません。けれども、こういうことを視野に入れて自分の夢を書いたほうがいいのです。

文章に書くことには本当にたくさんのバリエーションがありますが、大切なのは**ゴールを決める**こと。ゴールを決めていないと、いつまでもだらだらとあと回しにして何もやらないまま時間だけが過ぎてしまいます。

たとえば、今日が２０２０年2月25日だとします。1年後の今日は２０２１年2月25日で、この日に叶えたい夢があるとします。

そこで、まずは未来に結果をつくります。つくったあとは、この月までにはこれをやり遂げる、次の月までにはこれをやり遂げるというように、**細かな目標を立てていく**のです。

ゴールが明確なら、結果にたどり着くために、自然と今ここでやるべきことというのが明確になります。

成功者はみんなそうしています。結果から逆算して細かな目標設定をして、その小さな目標をクリアしていきながらゴールに近づいていく。そうやって夢を引き寄せているのです。

⊠「願文流し」で夢を叶える方法

願文流しのやり方に関しては、私自身の経験がよい例だと思いますので、それに沿って説明していきましょう。

あれは2018年、ひすいこたろうさんと大嶋啓介さんの予祝本、『前祝いの法則』が大ヒットして、予祝の実践ノート（予祝ドリームノート）をつくろうというときに、その動画付録のために私が呼ばれて、3人で1時間ぐらい対談したことがありました。

編集の稲川さんに挨拶をさせていただいたときに、「ああ、フォレスト出版っていいな。フォレスト出版から本を出したい。本を書いてくださいっていうオファーを受けたいな」と思ったのです。

だから、さっそくそれを願文に書きました。

「フォレスト出版から本を書いてほしいと依頼がきました。ありがとうございます」

対談をしたその日の夜の11時、私は近くにある川に１人で向かい、周りに誰もいないことを確かめると、願文を書いた紙を川に流しました。

そして、紙が見えなくなるまで叶った姿を想像しながら、この宇宙に感謝しました。

願文流しはこれだけです。

しかし、いくつかのルールがあります。まず１つ目は、**願文流しの行為を誰にも見られてはいけない**こと。２つ目は、**決まった時間に流すと運の効果が絶大になる**こと。３つ目は、**書いた紙が見えなくなるまで神様に感謝する**こと。

ただ、２つ目の決まった時間というのは人によってそれぞれ違います。正確にやる場合、その人の生年月日によって違ってくるのですが、別にそこまでこだわらなくてもいいと思います。

私の場合は、夜の11時と決まっていたので、その時刻に川に行って、ありがとうと言いながら流したわけです。

ですから、願文を書いて、感謝しながら人知れず川に流す。願文流しはこれだけです。

さてその後、どうなったのか。

実はその2カ月後、偶然にも稲川さんと遭遇することになったのです。というのも、彼が一度は訪ねたいと思っていた、予祝で繁盛店となった「魚串炙縁《うおぐしあぶりえん》」という居酒屋に来ていて、そのときの講演がたまたま私だったのです。

彼は実際、「魚串炙縁」さんに来ることが目的で、私の講演だということは知らなかったそうです。

しかし、とくに出版のオファーはなく、1年近くが経っていました。

私は願文に書いたことはほぼほぼ叶っています。ただ時間はかかることもあり、比較的、即効性がないのです。もしかしたらみなさんは、書いたらすぐに叶うかもしれませんが、私の場合はけっこうタイムラグがあるようです。

結果的に、願文流しをしたちょうど1年後、稲川さんから本を書いてほしいと言われたのです。

これは私が、この願文流しの話を稲川さんに種明かしをしたときに聞いたのですが、彼が本当に本にしようと思ったのは、私の講演を聞いて、ちょっと実践した結果、効果があったからということでした。

つまり、1年かかったのは、稲川さん自身が実践して結果が出るまでの時間だったのです。少し自慢めいた感じになりますが、私が即日で願文流しをした結果、稲川さんが講演に来てくれて、その時点で本の出版は決まっていたのです。

なぜならば私は、実践すれば運がよくなる方法しかお伝えしませんから(笑)。

以上が願文流しの例ですが、最後に1つ、願文流しは正式には川に流すものですが、どうしても川に流さなければいけないわけではありません。

近くに川がない場合やどうしても川まで行けない場合は、家で燃やしてもいいのです。

重要なことは、何より「書く」ということです。

独り暮らしの人なら、誰にも見られないのですから何を書いたっていいじゃないですか。とんでもないことを書いたっていいじゃないですか。

大切なことは、あなたの夢が叶ったときに、あなた自身も幸せなのはもちろんですが、どれほど周りの人たちが喜んで、どれほどの人たちが恩恵を受けられるのかということです。

私の願文も「この本で多くの人の運がよくなるように」という願望があってこそ。

私の未来の姿は、もうすでに見えています。

⊠運を高めるために必要な「徳を積む」ということ

この章の最後に、夢を叶える最高の方法をお伝えしておきたいと思います。

名前は忘れてしまいましたが、オリンピック水泳で金メダルを取った選手の話です。

この方はオリンピックに出る前に毎日神社に行って「金メダルを取れますように」とお参りをしていたのだそうです。

そうしたらそのことをコーチが知って、「お前はバカか。神社に行って金メダルが取れるんだったらみんな行ってるわ。メダルを取るやつなんていうのは運なんだ。神社に行く暇があったら徳を積め」と言われたそうです。

神様にお願いをするのではなくて、周りの人にいいことをして徳を積んでいくことのほうが大切だよと。

メダルを取るのは時の運。だとするのであれば、運を貯めなさいということです。本当は、運は貯めるものなのです。

あなたにも経験があるでしょう。たとえば、この試験に合格しなければいけないとか、このプレゼンは絶対成功させなければならないという場面があると思います。そう、絶対に失敗できない場面は人生にはいくつも存在します。

しかし、すべてがうまくいくかというとそうではない。失敗するときもたくさんあります。

では、あれは何だったのかと言えば、運そのものなのです。

運というのは宇宙から与えられたポイント制。自分が使いたいときに使えるのが運というもので、そのときに自分が貯めている運のポイントによって決まってきます。

たとえば金メダルを取るというのは、相当ポイントが高い。おそらく75億点ぐらいのポイントを貯めていなければならないくらいです。

ただし、そのポイントは、徳を積まなければ発生しないのです。

「あなたが得られる「徳」は2種類ある」

徳には**陽徳**《ようとく》と**陰徳**《いんとく》という2つが存在します。

文字通り、陽徳とは周りの人が見てわかる徳、陰徳とは人からは見えない徳です。

徳のポイントを積んでいく中でも、一番ポイントが高いのが陰徳です。陰徳は「陰で徳を積む」というように、人の見ていないところでこっそりいいことをしたり、誰かのいいところをこっそり広めたり、知らないところで「人のために何かをする」ことです。

こういうことをそつなくできる人は、人間的にもとても魅力的です。

反対に陽徳を行っている人は世の中にたくさんいます。いいことをしているのですが、徳を積んでいることをわざわざアピールします。

フェイスブックやインスタグラムを見ていても、たとえば「私は毎日トイレを素手で磨いています」と、便器に素手を突っ込んだ写真を撮ってアップしたりします。

これは正直、「ロボコン0点！」（50歳以上じゃないと笑えないネタですが）。

とにかく陽徳、つまり、いいことをしてはいるけれど、それをアピールする人は徳を積むという観点では完全に0点なわけです。

やはり、よいことは人知れずにやるのがポイントです。

『聖書』にもこう書いてあります。

「右手のすることを左手に知らせるな」

いくら右手でいいことをしても、それを左手には知らせるなという意味です。右手のことさえも左手に見せてはいけないくらいなのです。だから、他人には自分の善なる行為や徳を積んだことを絶対に言うべきではないのです。

そもそも本気で純粋によいことをしようとしている人が、他人に何かをアピールする必要なんてあるのでしょうか。

運の上げ方は本当に無限にあります。運がよくなるチャンスはいっぱいあります。あなたの小さな行動の積み重ね、その微差が人生を大きく変えていくのです。だからこそ、その微差をどれだけ大切に積み重ねて実践し続けていくかしか、運を高める方法はないのです。

私が「開運は技術」と言っているのは、そうした土台も必要なのです。

第7章

日頃から運を引き寄せるための習慣

1人会議で毎日自分を運がよくなる環境へ導く

日頃から運を高めていくために大切なことは、客観的な自分をいつも意識することです。そのために私がおすすめしているのが**1人会議**です。1人会議とは、

「行く先々で、ご縁のあるトイレ掃除をしよう」

「今日1日、人に親切にしよう」

「ゴミが落ちていたら、拾って捨てよう」

「口角を上げて、ニコニコご機嫌でいよう」

と、やることを朝に決めます。これは自分との約束ごとです。そして、その約束を晩に振り返って、どう取り組み、きちんとできたかどうか、自分に問いかけることです。

約束ごとは、人それぞれ何でもよいですが、たとえば、私がやっている1人会議は、「思考回路・行動・環境・食事・人間関係」の5つから組み立てています。

1つ目の思考回路というのは、「今日1日、人に優しくしよう」というようなこと。

2つ目の行動ですが、行動で最も大切なのは陰徳ですから、「今日も1日、人知れず徳を積む」と密かに誓います。

3つ目の環境については、人間の運というのは環境によって大きく左右されるので、その「大切な場を整える」ことを項目に立てます。

4つ目の食事は、ジャンクフード、コンビニ弁当、ファストフードなどの波動の低い食事や飲み物を取らないこと。

人間の身体は食べ物と考え方からできています。波動の低い食べ物は身体も精神もむしばまれていきます。

そして最後、5つ目の人間関係は、運気の悪い人とはなるべくつき合わず、運気の高い人と過ごすことです。とはいうものの、運気の高い人が周りにいない人は、まず自分の運気を上げるべく常日頃から実践することから始めるしかありません。

自分のいる環境(家や会社)をきれいにする。それは自分の感情のコントロールです。

とくに気を配っているのは3つ目の**環境**です。

人は知らず知らずのうちに、環境から多大な影響を受けるものです。一般的に、一番長い時間を過ごす場所は、その人の家であることがほとんどです。

私はいつも、どんな環境で今日1日を過ごそうかと思案します。できるだけ、波動の高い環境で過ごしたいと意識しているのです。

たとえば、カフェで仕事しているときも、そのカフェの環境が、すごく大切になってきます。

絶対におすすめなのが、5つ星ホテルのラウンジです。コーヒー1杯が1000円以上するようなところは、普通のカフェとは客層が違います。そこには普通の人はあまりいません。

そのラウンジで仕事をしたり、談話をしたりする人は、意識も波動も高いことが多いのです。

コーヒー豆やサービスにもこだわっているからこその価格なのでしょうが、一番の価値は場所代。あの場所の波動を1000円以上のコーヒー代で浴びられて、仕事がはかどるなら安いものです。接客も行き届いていて自己肯定感が上がるし、仕事の効率がとてもよくなります。

出先でやむを得ず駅前のカフェを利用するのもいいですが、意識して環境は整えたほうがいいと私は思っています。

そして、運気はまさに環境によって左右されてしまうものだから、もしも運を上げていきたいのであれば、いつもと同じルーティンで選んでしまっているお店や職場、人間関係など、自分を取り巻く環境を強く意識して変えていかないとなりません。

人は常に、周りの人やモノなどから波動干渉を受けています。生きているかぎり、誰でも無意識のうちに周りに波動を放っているのですが、同時に周りの人やモノ、環境が放つ波動からも影響を受けているのです。

たとえば、ファストフード店の狭いテーブルで仕事をしているとき、たまたま隣に座った人がオレオレ詐欺をはたらいている可能性だってあるわけです。

「お母さん、お母さん！　俺だけどさ……」と電話しているかもしれません。

そういう人が隣にいたときは波動干渉を受けるわけですから、その人の波動が自分に干渉してきてしまいます。

物理的にも、隣でそんな会話を聞いていたら不快で驚くでしょうし、警察に届け出ようかと思って、自分まで波動が下がってしまいます。

逆に、電車に乗っていて、老人の方が乗ってきたらサッと席を立って譲る青年を見かけるとします。すると、車内にはいい波動が生まれ、席を譲り合うやさしさにあふれた車内に変わっていくから不思議です。

自分を取り囲む人もモノも場所も、あなたに大きく波動干渉してくるので、まずは自分の行動や意識を変えるのと同じくらい、自分を取り囲む環境をよりよいものにしていく必要があるのです。

ⅩⅩ自分の運を下げてしまうような人間関係は切ってしまう

自分がどんな環境に身を置くのかというのは本当に重要です。

とくに人間関係においては、誰と一緒に仕事をするのか、誰とつき合うかということは、即あなたの運を左右していきます。

まずは、自分より運気の低い人とは絶対につき合わないこと。こういう人とつき合うと、つい巻き込まれて同調してしまいがちです。

たとえば、会社内で悪口を言う女性の集団がいます。

上司や御局様を眼の仇にして「部長の言動がむかつくよね」とか、「あの人こうだよね」とか、あなたも悪口や噂話の輪に加わっていないでしょうか。

そんな人たちと一緒にいるだけで、自分の波動が著しく下がっているということに気がつかないといけません。

そうした悪口の場からさっさと抜けないと、周りの人たちから波動干渉を受けてしまって、自分まで同じ波動になっていきます。その場にいるだけで運が下がってしまうなんて、すごくもったいないことです。

これまでの日常的な人づき合いを変えていくのは、勇気のいる作業だとは思うのですが、これからもそんな人たちと末永く一緒にいたいと思いますか。惰性でつながって余計なエネルギーや時間を費やすくらいなら、いっそ関係性を絶ってしまうことのほうが、よほど出会いも広がり、前向きな投資になるはずです。

この行動をするとしないとでは、運は全然変わってきます。

くどいようですが、人生は、自分の身を置く環境で変わっていくのです。その環境次第で、運は大きく左右してくるのですから。

㉟成功している人の隣にいるだけで運がどんどんアップする

グチや人の悪口ばかり言っている人と関係を保っていくことは、本当に難しいものです。できれば、そんな人からは縁を切って、新しい人間関係を築くほうが、運をよくしたいなら手っ取り早い方法です。

では、どんな人たちと交友関係を築いていけばいいのか。それはやはり運のいい人や成功者と一緒にいることです。

もう亡くなってしまいましたが、私が尊敬する船井幸雄さんは「最高の成功法則は、成功している人の隣にいること」とおっしゃっていました。まさしくその通りだと思います。

人間関係を築いていくなかで、自分がどうなりたいのか意図することはものすごく大切です。

自分がどうなりたいのか。そのモデルとなる人を見つけて、マネしてみることから始めるのです。そして、あこがれる人がいたら、積極的に会いに行って、その人のそばにいたらいいのです。

この間も、斎藤一人さんの一番弟子の柴村恵美子さんにすごくあこがれているという人がいて、

「私は、恵美子さんみたいになりたいんです」

と言うのです。簡単なことです。恵美子さんの追っかけをすればいいだけですから。いつも彼女の近くに行って、話を聞いたり、行動をマネしたり、考え方をインストールしたり、できることはたくさんあります。

かつての私も小林正観さんみたいになりたいという想いがあったから、正観さんの

そばにずーっといました。誰のそばにいるかはものすごく大事なのです。

人は誰と出会って誰と過ごすのか、まさにその出会う人次第で人生が変わります。自分の1つの運気のバロメーターとして、運気が高いのか低いのかわからないときに、それを測る手っ取り早くて一番簡単な方法は、今、自分が誰と出会って、誰とともに何をしているかを確かめることです。

それを観察していくと、自分が今どの程度の運気なのかがよくわかります。

よく、こんな相談を耳にします。

「私、この間ひどい目にあったんですよ。変な投資の話に乗ったら300万円もだまされて、なくなっちゃったんです。どうして私がこんな目にあうのでしょうか」

答えは簡単です。そのご縁も引き寄せたのはその人です。そして、今この状況では、相当に運気が下がっていると感じるかもしれませんが、この先、その出来事をチャンスにしていくかどうかもその人次第です。

チャンスに変えていけるかどうか。そのためにも出会いを変えていくことが一番の近道でもあります。

人生は誰と出会って誰と過ごすかです。この出会いが、いかに人生を左右するか、本当に私は身をもって体験してきました。

もし波動のいい人にしか出会わないのだとしたら、相手と自分の波動が合っているからこそ出会えているということです。そんな出会いがあるかどうかは、運気の１つのバロメーターなのです。

☒ふだん何を食べているのか意識して運を安定させる

ほかに意識すべきことと言えば食事です。

あなたの身体は、ご先祖様から引き継いだ命の宝ものであり、神様からの借りものです。

そして、毎日の食事があなたをつくっています。

本来、健康であれば、必要以上に食べすぎることもなく、身体によいものを好んで食べるものですが、なぜかジャンクフードを無性に食べたくなるときがあると思います。日常的にジャンクフードが大好きで、甘い炭酸飲料などを手離せないような人がいますが、完全に目に見えない何者かに憑依されています。

私もジャンクフードを無性に食べたくなるときがあります。そのたびに、客観的に「ああ何者かが、僕の中に入っているな」と思うのです。こう自分で実感するたびに、すごくショックを受けます。

今、自分の波動が全体的に落ちているというのを痛感するので、波動の塩を舐めて気持ちを鎮めます。

また、そんなときは意識的に、誰かのためにお金を使うようにしています。家族やお世話になっている人たち、寄付などに使うと、自分の身に降りかかる不幸や理不尽なことが、大難から小難に、小難から無難になっていき、自分の波動の暴落が落ち着いて安定してくるのです。

ですから、**自分がどんな食事をしているかということも、運のバロメーターになる**と言えます。

ふだんの食事で、ジャンクフードなどを無性に食べている自分がいたら、そんな自分に気づくことが大切です。

㉒幸と不幸は必ずセットとして存在している

実は、世の中の幸と不幸というのは、2つで1つのセットになっています。この宇宙は「陰陽の法則」でしか成り立っていません。

光があるから陰がある。太陽があるから月がある。おしべとめしべ、男と女、天使と悪魔というようにすべてが対になっていて、2極があって1つのセットとなっているのです。

同様に、幸と不幸というのもセットで、いいことしか起こらない人なんて、世の中に絶対に存在しないのです。

私の周りの運気の高い人たちをこれまで見てきたときに、一番衝撃を受けたのは、彼らにも理不尽なことがたくさんあるということでした。

たとえば、斎藤一人さんとか小林正観さんとかも、人格者で成功していて宇宙の法則も理解しているような方なのだからいいことしかないだろうと思いますよね。きっと、そういう方はもう達観していてすべてがわかっていらっしゃるだろうから、学びとなる体験や不幸、悪いことなんか絶対にないと思いがちです。

しかし、そんなことはまったくありませんでした。日頃から徳を積んでいるはずの人が、理不尽な目にあうことも日常茶飯事なのです。私にとっては、それがすごく衝撃的でした。

いいことしかない人は絶対いません。すべてはエネルギーですから、いいことの後ろには悪いことが隠れていて、悪いことの後ろにはいいことが隠れているのです。

そのことを知っておけば、悪いことやイヤなことが起こっても、それが当たり前だと気づいて、常に平常心を保つことができます。

運がよくなるコツは、いいこともあれば悪いこともあるとわかったうえで、いいことが起こる確率を高めようとすることなのです。

「負の先払い」をして、うまくいかないときをカバーする

ものごとには「陰陽の法則」があるということをお伝えしました。

そこでもう1つ、**「負の先払い」**という言葉があります。この負の先払いは、陰陽でたとえて言えば、いいことがあったときに浮かれる人、周りが見えなくなるくらい

調子に乗ってしまう人がいるとします。そうするとイヤなことがあったときに振り子のように落ち込み度が激しくなってしまうという感じです。

真ん中に線があって、喜びの感情が振り子だとしたら、悲しみの感情も同じだけあるというのが宇宙の決まりなのです。これが陰陽の考え方です。

めっちゃくちゃはしゃいで喜ぶ人は、絶対に落ち込みも同じだけ大きい。周りを見たらよくわかるでしょう。

たとえば、愛情も一緒。死ぬほど好きになって愛してしまう人は、もうこの人がいないと死んでしまうというくらい、プラスとマイナスの差が激しいですし、本当に好きになった人に振られたら、死ぬほど落ち込むという人もいるでしょう。

感情というのは、喜びの感情レベルと悲しみの感情レベルが対になっていて、そのレベルは同じ。プラスのエネルギーに上がったら、振り子はその分グイッとマイナスに振れるのです。

つまり、喜びのあとには同じだけの悲しみが待っているわけです。そうならないよう大難を小難にするために、いいことがあったときこそ、人のためにお金を使ったり、誰かを喜ばせることをするのです。

これが運をいい状態でキープするための秘訣です。

いいことがあって喜んだエネルギーの分は、必ずそれと同じだけ下に降りると決まっているのですから、大難を小難に小難を無難にするために先に行動しておくのです。

それはお金を使うという方法だけではなく、人のために汗水流すでも何でもいいのです。

とにかく、いいことがあったときこそ、負の先払いをおすすめします。

⊠運がよくなる宇宙の法則「ゴールデン・ルーティン」

運の高い人というのは「ゴールデン・ルーティン」をたくさん持っています。

ゴールデン・ルーティンとは、運がよくなる実践法を意識してやるのではなく、しかも、自らが運を上げるためにやっているわけでもなく、もう歯を磨くのと一緒で、やって当たり前の習慣になっているルーティンのことです。

私は成功者と一緒にいるときに、そういう習慣を垣間見る瞬間があって、そのたびにしびれてしまうほど格好いいなと思っていました。そして、自分もそういうふうに少しでも近づきたいなと思うのです。

そういう格好いい人になるためにはどうしたらいいのかと、いつも考えてマネをしたくなるのです。

どういう思考回路で、どういう言葉を口から吐いて、どういう仕草をして、どういう表情で、どういう行動をしているのか……。そういったことをいつも観察してしまいます。

あなたも格好いいなと思った人がいたら、その人がさりげなくやっていることを自分の中に取り入れてほしいと思います。そして、それを自分のゴールデン・ルーティンとして新しい習慣にしていってください。

ゴールデン・ルーティンは自分との約束と同じで、朝にトイレ掃除をしようとか、朝起きたら必ず、お父さんお母さんにきちんと挨拶しようとか、本当に小さなことでかまいません。

大きなことをしようとするから続かないだけであって、使いっぱなしにせずにスリッパを揃えるとか、本当に小さなこと、あなたができることでいいのです。

それは家族であっても他人であっても、その人たちが自分と同じようにしてくれなくても気にしなくたっていいのです。

大切なのは、自分が何を投げかけるかだからです。むしろ無視されているのに、笑顔で挨拶ができるなんてポイントが高いじゃないですか。

自分がどうするのか、何を宇宙に投げかけているのか、これ次第で自分の身に降りかかる現象や運気が変わってくるのですから。

最後に、目には見えないけれど絶対に存在していて、自らが積極的に実践していかなければ上がらないのが運というものです。

ただ待つのではなく、自ら取りにいかなきゃ何も始まらない。だからぜひとも、積極的に運をつかみにいってください。そういう行動を習慣化、ゴールデン・ルーティンとして当たり前になるように続けてみてください。

一度きりの一生です。ずっと叶えたいと思っていた夢に挑戦したり、会いたかった人にご縁がつながったり、仕事や家庭で自分の居場所や生きがいを見つけ才能を開花させてみたくはありませんか。

人生は0か100、全力で振り切った先には、絶対に変わった明るい未来が待っています。とにかくあきらめずにやり続けてください。

運の爆発曲線は、そのときがくるまで何の変化もないように見えますが、いつか爆発する日を待っています。

宇宙は、不思議とそんなふうにできているのです。

エピローグ

あなたに降りかかる出来事はすべて「代償先払い」

⊠ついに100坪の店舗を出してみたけれど……

「代償先払い」という言葉を知っていますか？

代償先払いとは、つらいこと、悲しいこと、理不尽なことが、必ず先にあるということです。言い換えれば、自分の身に降りかかるさまざまな現象は、すべてお試しだという考え方です。

プロローグでも触れましたが、私はお店を24歳でオープンしてから、毎年1店舗ずつ新しいお店を出していきました。うちの会社は社員募集を1回もしたことがありません。当時はみんなバイト上がりで、そのまま店長になるという流れでした。

毎年、アルバイトとして働いているスタッフが、新店舗を出す際に店長として立派に社員になってくれて、その後輩がまた「自分を店長にしてください」と言って頑張ってくれていたので、その人たちのために、また新しくお店をオープンしていたのです。

私が34歳のときですが、今までにない大きなお店をやることになりました。それまでは20坪や30坪、一番大きくても60坪のお店が、今度は100坪という超大型店。私はあまり気乗りがしなかったのですが、やることに決めたのは、あるスタッフとのこんなやり取りがあったからでした。

「店長になりたいです。次にお店を出すんだったら絶対、僕を店長にしてください。僕を店長にしてくれたら、今の店長より売り上げを伸ばす自信があります」

「じゃあ、いい物件を見つけたら、お前に頼むよ」

そう言ったまま3年ぐらい経っていました。ですから、なんとか彼のためにお店を増やしたいと思ったときに、100坪のお店の話がきたのです。でかいから大変だと思っていたら、実にこれが本当に大変だったのです。

まず100坪を商品で埋めるのが大変。自分のお店もあるのにもかかわらず、スタッフをみんな引っ張ってきて、常に10人ぐらいで準備。それでも全然足りない。

オープンする準備に1カ月のつもりが、結局丸3カ月かかってしまう始末。月の賃料が100万円、さらに光熱費、人件費と経費はかさんで、結局、準備の3カ月の間に、なんだかんだで、4000万円近く費用がかかっていました。

かなりの精神的なストレスでした。オープンしたら4000万円を回収していかなければならない。でも、これまでの9年間の経験で、お店のやり方もノウハウもわかっているし、集客のやり方もわかっているから、オープンしたらなんとかなるだろうと思っていました。

しかし、いざ蓋を開けてみたらまったくお客さんが来なかったのです。

そのお店は、売り上げが月に450万円ないと赤字なのですが、オープンした月と2カ月目の売り上げがちょうど450万円だったのです。

3カ月目はさらに真剣にやってみたのに、やはり売り上げは450万円。

さすがに、知り合いの社長に相談しました。

「集客ができず売り上げが上がらず苦しいです。店の場所が悪いのもあると思います……」と言うと、「社長なら時には、クローズするっていう決断も必要だぞ」と返されました。

4000万円かけて準備してみんなでやってきたけど、傷は浅いほうがいいのかなとも思いながら、店を移転しようかと悩みました。

私はすでに3カ月目で、心が折れてしまいました。

店からもだんだん足が遠のいて、いよいよ店をたたもうという思いが湧き出てきました。

そこで、スタッフたちに言おうと店に行ってみると、みんな額に汗しながら一生懸命仕事して、どうしたら売り上げが上がるんだろう、どうしたらお客さんが喜んでくれるかな、どうしたらお客さんがもっと来るんだろうと必死に闘っていたのです。

それを見た私は、この店をクローズしようと言うことがどうしてもできませんでした。

そうして月日だけは過ぎていきました。半年経っても、結局売り上げは上がりませんでした。

しかし、私が店に行くたびに、スタッフたちが試行錯誤しながら一生懸命アイデアを考えて私に言ってきます。

「ああ、いいね。ちょっとやってみよう、それやってみよう」

そう言いながらも、心の中ではムリだと思ってる自分……。

そこで、開店から1年経ったらちょうど言いやすいのではと思い、1年間我慢しようと自分の中でリミットを決めました。

㉒「代償先払い」の出来事は、ある日突然やってくる

そして1年経ったとき……その店が突然放火されてしまったのです。

真夏の真っ昼間に、酔っぱらった男に火をつけられたのです。

うちのお店は1階に入っていて、放火に気がついたお客さんが「放火だー」と叫んだときには、火が回るのが速くて、みるみるうちに店の一部が炎の渦《うず》に巻き込まれていました。

火災報知器の連絡で、すぐに消防車がきてくれましたが、それでも5分以上かかるので、その間にお店は火に包まれていました。

実は、私はこのお店にはいませんでした。スタッフから連絡を受けて焦ってお店に向かうと、すでに消防車が7台、やじ馬も1000人近くになっていました。

現場には立入禁止テープが貼られていて、私はやじ馬たちをかき分けて店の中に入って行きました。そこにはスタッフが4人、床にへたり込んで座っていました。

私は彼らの姿を見たとき、彼らもこの火事と戦ったんだとわかり思わず怒鳴りました。

「お前ら、なんで逃げなかった！」

そしたら彼らは、こう言ったのです。

「自分の店を燃やされて、逃げられるわけないじゃないですか！」

彼らは店を放り出さずに、火の中を懸命に消火活動していたのです。

私は彼らの言葉が、今でも脳裏に焼きついています。

「お前ら、俺の命の恩人だ。ありがとう」

私はひれ伏して、お礼を言うしかなかったのです。


店は本当にひどい状態でした。そんななかで、ほかの店のスタッフたちが駆けつけてくれて、口々に言われたのは、「社長、とにかく早く店を立て直しましょう」という健気《けなげ》な言葉でした。その店は朝の4時まで営業していましたが、放火されたのが午後4時近く。そんな状況なのに、

「社長！　今日中に店を立て直して、今日中にオープンしましょう！」

と言われて、今度はみんなが一生懸命に掃除を始めたのです。

私はスタッフたちと一緒に掃除をしながら、本当に自分勝手で、情けなくて、仕方がありませんでした。

お店が燃やされたことに腹が立ったのではありません。

「自分の店を燃やされて、逃げられるわけないじゃないですか！」

あの言葉が脳裏から離れなかったからです。

私はこの店をたった3カ月間であきらめようとしていたのに、スタッフは命がけで店を護《まも》ろうとしてくれた。それなのに私は、その船から飛び下りて逃げているだけだった……。

私はかぶっていた帽子を深くして、涙が見えないように、みんなに背を向けながら掃除するほかありませんでした。

すでに小林正観さんのところに通っていた私は、宇宙の法則を勉強しているつもりでした。つらいこと、悲しいこと、理不尽なことというのはお試しだから、そこで自分が未熟でいたらない部分があるからこそ、そういう現象が降りかかってくるというのを学んでいたのです。そして、まさにそれを体験する出来事になりました。

そのときに、自分の未熟なところはどこなんだろうと考えさせられました。

宇宙は因果の法則で成り立っているから、結果には必ず原因がある。店を燃やされるということは、燃やされるだけの原因が自分にあるからだと。

そのとき、私はすぐに気づきました。

「スタッフに対する感謝の思いがまったくなかった」

私はスタッフたちに優しく接した記憶があまりありませんでした。給料を払っているし、スタッフは働くのが当たり前というような、どこかに傲慢な気持ちがあったからです。そういう傲慢な人間は、宇宙から嫌われます。

自分がろくなリーダーではなかったと思いました。それが放火事件で、大切なことに気がつかせてくれたんだと思い至ったのです。

「あんたはスタッフに対する感謝の思いがまったくないよ。それは上から見ていてすごく悲しいよ。スタッフに対して、もっと感謝の思いを持ったほうがいいよ。あんたにとって、ちょっとしんどいかもしれないけど、店を燃やすよ」ということだったんだと思います。

それに気づいたとき、本当に自分が悲しく情けなくて、スタッフの顔もまともに見ることができず、ただただ下を向いて掃除をするほかありませんでした。

⊠足りなかったスタッフへの感謝に気づき、感謝を伝えると……

すべての掃除が終わったのが夜中の12時くらい。閉店まであと4時間というなか、スタッフがお店をオープンしようと言ってくれました。しかし、私はオープンをやめて、彼ら十数人を居酒屋に誘いました。

居酒屋に行って、私はそのときの自分の正直な気持ちをみんなに伝えました。

「今日はみんな、本当にありがとう。とくに今日、消火活動してくれた4人には本当に感謝の思いしかありません。お前らがいなかったらうちの店は絶対燃えてたし、もしかしたら上の階で亡くなってしまった人がいた可能性だってあった。本当にお前らのおかげで店も助かったし、上にいた人たちも助かった。本当にありがとう……。

今から俺の正直な気持ちを話すけれど、もしかしたらこの話を聞いたときに、みんなの中ではこんなリーダーのもとでは働いていられない、辞めたいって言う人もいるかもしれない。でも俺は止めないよ。こんな人間についていきたくない、こんなリーダーのもとで働きたくないっていう人がいたら、それは俺に落ち度があるから、この会社を辞めてもらってかまわない。

俺は、オープンから3カ月経ったときに、もうこの店は場所が悪いから何をやったってムダなんだって、この船から一番に飛び下りていたんだ。

それでも4カ月目からは、お前らが一生懸命頑張っていたのを知ってるから、やめたいって言い出せなかった。

その間もお前らは本当に頑張ってくれた。いろんなことを俺に提案してきてくれて、それを全部いいよって言ってたけど、俺は心の中でバカにしてたんだ。こんなことやったってムダだよ。ここは場所が悪いんだから何やったってムダなんだよ。お前らが何をやったってムダなんだよって。

実は、1年経ったときに、この店をクローズしようって思っていたんだ。1年の節目なら、俺はやめるって言いやすいから。

1年経つのを待った結果がこれだよ。俺は今日店に駆けつけたときに、どろどろになったお前ら4人を目《ま》の当たりにして、なんで逃げなかったんだって怒鳴っただろう。

でも、言ったよな。自分の店を燃やされてるのに逃げられるわけないじゃないですかって。

燃やされてもないのに逃げたのは俺なんだよ。一番先にこの船を下りたのは俺なんだよ。リーダーである俺が一番先に、最後まで責任持っていなきゃいけない俺が一番先に逃げたんだ。俺は最低な人間なんだって。俺はリーダーとして失格だし、社長としても失格だし、もうお前らと一緒に働く資格さえないよ。

でも俺は、今から心を入れ替えて、一生懸命店のために頑張りたいと思ってる。

俺はみんなに対する感謝の思いも足りなかったし、ありがとうっていう言葉すらあまり言ったことがない。自分は社長だし、給料払ってるし、働くのが当たり前だって思っていた俺は、とんでもなく傲慢だった。

でも、これまで店をやってこられたのはみんなのおかげであり、俺の考え方が間違っていたことに、今日初めて気がついたんだ。だから俺は、明日からみんなとまた一緒に一生懸命働きたいと思ってるし、この店をクローズしようと思っていたのは俺の間違いだった。俺は明日からまた一生懸命頑張るつもりでいる」

私のすべてを彼らに伝えたとき、スタッフたちは声をそろえて、こう言いました。

「社長、何を言ってるんですか。この店の売り上げが悪かったのは社長のせいじゃありません。僕らの頑張りが足りなかったからです。店をクローズするなんて絶対言わないでください。俺たち明日からまた今まで以上に頑張りますから」

涙がとめどなく流れていました。

「代償先払い」の意味に気づいたとき、奇跡が起こる

実は話はそれだけで終わりません。

なんと奇跡が次の日から起き始めたのです。

とくに何かしたわけでもないのに、翌日のオープンからお客さんがたくさんやって来たのです。店を燃やされたのが8月。それまでの売り上げは500万円を超えたことがなかったのに、9月から毎月、売り上げがどんどん伸びていったのです。特

別なことはしていないのにもかかわらず、半年後にはついに1カ月の売り上げが1300万円、2・6倍になっていたのです。

これは、冒頭に述べた「代償先払い」にほかなりません。

店を燃やされたことに対しては、私もスタッフも、誰ひとり文句を言いませんでした。店が燃やされたことを嘆くでもなく、早く犯人を捕まえてほしいと警察に言うでもなく、とにかくこの店を早く立て直そうという気持ちしかなかったのです。

私も「自分は未熟で落ち度がある」ということに気がついて、そこで初めて奇跡が起こるわけです。

つまり、代償先払いというのは、起こった現象が問題ではなく、その現象に対して自分がどう感じるかが大事だということです。

普通は、問題が起こると大騒ぎするものですが、「その問題が起こったこと」が問題ではなく、「その問題をどうとらえてどう感じてどう受け入れていくのか」という与えられたテストなのです。だから、このテストに合格した人のみ、そのあとに面白い現象が降りかかるのです。

私の場合、「あっ、あんたはよく気がつきましたね。その通り。感謝というものに気がつけるかどうか、ちょっとあんたの店を燃やして試してみたよ。でも気がつけてよかったね。それで行動を改めるのであれば、あんたに奇跡を見せてやるよ」と。

実際に、わずか半年の間に売り上げが2・6倍になったというのは、奇跡以外の何ものでもないですから。

こういう現象を見せられたときに、本当に宇宙の法則は絶対的に存在するんだって実感します。

宇宙の法則は、手を替え品を替え、いろいろな現象をあなたに見せてきます。この法則にあなたが気がついて、自分の中の未熟な部分に気がつけて、行動を変えたときに、「よく気がついたな。じゃあ面白いものを見せてやろう」と奇跡をもたらしてくれる。人生というのは、本当に面白いことに満ちあふれているのです。

目に映るすべてのことはメッセージ、自分の身に降りかかってくる出来事もすべてメッセージ。だから、その部分に気がつけるか……。

言い換えれば、ものの見方、とらえ方、感じ方、そのなかから気づいたことを受け入れていくということが、本当に大切だということです。

この世の中には理不尽なこと、受け入れ難いことがたくさんあると思います。でも、そのなかから何かを見いだして、気づいて、受け入れて、感謝して、自分を変えることができたときに、人生が大きく変わっていくのです。

《特別付録》

ベストセラー作家

ひすいこたろう

vs.

櫻庭露樹

の

スピ対談

▼2人の出会いは小林正観さんの箱根合宿から始まった

櫻　庭　私とひすいさんがお会いしたのは、私が小林正観さんの本を片っ端から読み始めて、初めて合宿に行ったときです。もう10年以上前ですね。当時、正観さんの「ものの見方アドバイザー養成講座」なる合宿が5日間連続であったんです。場所は箱根のペンションに現地集合で全国から人が集まっていました。およそ女性が8割で、講座が始まる前のペンションの前で、その女性たちに囲まれてキャーキャー言われている人がいたんですよ。

ひすい　まあ、キャーキャー言われるのが、僕の仕事ですから（笑）。というのは冗談で、たまたまその頃、出版社さんのおかげで『3秒でハッピーになる名言セラピー』シリーズが2冊連続ベストセラーになっていたタイミングだったんです。

櫻　庭　私も正観さんのメンバーでは新参者でしたから、まあキャーキャー言われている人もちょっと気に入らなかったんですが、名刺交換だけはしておこうと列の最後尾に並びました。名刺を渡された瞬間、正直「えっ⁉」と衝撃が走りました。だって、名刺に「天才コピーライター　ひすいこたろう」って書いてある。自分で天才って名乗るって、この人、どこまで傲慢なんだって。だって、その合宿のテーマが「謙虚に生きましょう」だったわけですから（笑）。

ひすい たしかに（笑）。まあ、僕はそのときのことはすっかり忘れているんですけど、櫻庭さんと出会って強烈に覚えていることが2つあるんです。

1つ目は合宿2日目に「温泉に行くチーム」と「箱根神社に参拝に行くチーム」と2つに分かれることになったんですね。僕は温泉に行こうと思ってたんですが、正観先生は箱根神社に行くというので、迷いが生じていたんです。すると、迷っている僕のところに櫻庭さんが来て、「お前、そんなに迷っているんならコインを振ればいいんだよ」って、お金を渡してくれたんです。

「表が出たら神社で、裏が出たら温泉でいいんだよ。正観先生は『人生はシナリオ通りだ』と教えてくれたばかりだろ。お前、何聞いてたんだよ。だからコイン振って、出たほうでいけばいいんだよ！」って、櫻庭さんが初対面の僕に、ものすごい上から目線で言ってきまして（笑）。

でも、たしかに正観先生は「人生はシナリオ通り」と言っていましたから、なるほどと思ってコインを振ったら表が出て。そうしたら櫻庭さんが、「お前、どっち出たの？　表？　俺も実は迷っていて、お前が出たほうに行こうと思ってたんだよ」って（笑）。

このとき、櫻庭さんって面白い人かもと印象に残ってますね。

櫻庭　ほんと、すみません。当時はめちゃくちゃ傲慢だったんで。あのときは仕事よりも、何のために生きるのかがわからなくて、もうストレスのかたまり。明るい未来がないって必死だったんで。

ひすい　当時はっていうか、今も傲慢ですよね、お互いに（笑）。

▼2人の運命を決定づけた決定的な出来事

ひすい　櫻庭さんとの出会いで、もう1つ、決定的に印象に残った「幽霊事件」があるんです。正観先生の合宿は箱根の素敵なペンションでやっていたんですけど、僕はギリギリに申し込んだから、実はもう満員でペンションに泊まれなくて。自分でどこか宿を取れるようなら参加オッケーと言われて、近くのペンションをネットで探して参加するということになったんです。で、講座が終わったら、僕だけ暗い山道的なところを30分くらいかけて歩いて宿に行くんですけど、僕の宿は管理人も夜はいないのか真っ暗なんです。ボロボロのペンションで、誰も泊まっていない。部屋の砂壁もはげ落ちていて、異様な空気が漂っているんです。今にも幽霊が出そうなボロボロのペンションで。1人でペンションに帰ると、もうどの部屋もあかりはついてないし、恐くて恐くて電気もテレビもつけっぱなしで、それでも恐くてなかなか眠れないんです。

僕だけそこに5日も泊まらなくてはいけないわけで……。

で、初日はまったく眠れず、問題の合宿2日目になるわけです。みんなで芦ノ湖にあるスワンに乗ろうということになって、ジャンケンでパートナーを決めたら、僕が正観先生と2人で一緒に白鳥のスワンに乗れることになって。

正観先生は女性と乗りたかったと思うんですけどね（笑）。

でも、せっかく正観先生と2人きりになれたので、あまりにも恐くて眠れないペンションについて相談したんです。「目を閉じた瞬間に幽霊に首を締められそうなほど恐いペンションで、眠れなくて困っているのです」って。

そうしたら正観先生が僕を見てボソッとひと言。

「幽霊は気にしなければ大丈夫」

「あ、はい……」

そうは言われても、僕はもうめちゃめちゃ気になっちゃってるわけですよ（笑）。

「でも、気になってしょうがないんです」と正観先生に伝えたら、

「それなら、部屋の四隅に天然の塩を置いてください」と。

でも、天然の塩なんてふだん持ち歩いてる人いるわけないですから、どうしようかなと思って、スワンを降りたあと、みんなにその話をしたら、櫻庭さんがおもむろにポケットから「この塩、使いな」って天然の塩を出してくれたんです。キパワーソルトってお塩。天然の塩をいつもポケットに入れている人がいるって衝撃でした（笑）。それから僕は櫻庭さんを神として崇めるようになったというか（笑）。ソルティ神として（笑）。

しかもですね、「そんなに恐いんだったら、俺のところで寝なよ」って、櫻庭さんの部屋のソファーを使わせてくれるようになったんです。

あの幽霊屋敷に帰らなくていいって思ったら、本当に心が晴れわたり、もう櫻庭さんに抱かれてもいいってあの夜は思いましたね（笑）。櫻庭さんって傲慢で、上から目線で、でも最後に優しいんです。これは惚れますよね（笑）。

櫻庭 ありがとうございます。実は、部屋に泊めたことは全然覚えてないですよ。でも、あれからひすいさんが私のことをいろいろとメールマガジンやブログに取り上げてくれるようになり、こうして本も出せることになったんですから、ひすいさんには足を向けて寝られないと思っています。

ひすい いや、絶対に足向けて寝てますよね？（笑）

▼運は実践した人しかよくならない

ひすい　櫻庭さんを有名にした話があります。正観先生と空海のお遍路88カ所めぐりというイベントがあったんです。そこですごいのは、櫻庭さんがなんと「88カ所すべての寺のトイレを素手で掃除する」と宣言して、ほんとに88カ所のトイレ掃除をしちゃったんですよ。

櫻　庭　いや、実はみんなに宣言したというより、宣言せざるを得ないというのが本当のところでした。1人だけお詣りをさっさと済ませてトイレ掃除をするわけですよ。しかも、昔ながらのぼっとんトイレです。それを素手で掃除するんですが、5、6カ所廻ったところで爪が痛くなって、心が折れそうになったんです。爪が折れる前に心が折れた（笑）。それでみんなの前で宣言して、もう、やるしかないって状況に追い込もうとしたんです。で、やり遂げたわけですが、88カ所のトイレ掃除をして、正観さんに初めて褒められたんです。

「よくやりましたね。何が起こるか楽しみですね」と。

この善行で、参加した人たちからも「絶対に奇跡が起こるよ」「奇跡の報告を楽しみにしてます」と、みんなの期待が高まっていって。

ひすい　お遍路めぐりの1カ月後に高野山で、その後の報告会があるということで、「88カ所のトイレを全部掃除するなんて、その後、何かすごいことが起こるはずだ」ってみんなワクワクして櫻庭さんの報告を楽しみにしていたんです。

そして1カ月後の高野山での報告会で、櫻庭さんにどんな奇跡が起こっているかと櫻庭さんの登場を待っていると……。

櫻庭さん、なんと車イスで登場してきたんです！

奇跡が……車イス（笑）。

櫻庭　あのときほど、人を笑わせたことは後にも先にもないですね。実は88カ所めぐりを終えてから、僕の店で万引きをしている人を発見したんです。で、逃げる万引き犯を追いかけている途中、転んで足を骨折、手のひらは深く擦りむくは、さんざんでした。

高野山で正観さんから「壇上でちょっと話をしてください」と言われたとき、松葉杖をつきながら、ちょっと話すところを40分以上もしゃべりすぎてしまい正観さんに叱られました（笑）。

でも、あの笑いの渦は忘れられませんね。

ひすい　奇跡は、あれだけ人を笑わせたことだと思いますよ。

だって、櫻庭さんの一番欲しいものは、実はお金じゃないって僕は10年一緒にいるからわかるんです。櫻庭さんが一番欲しいのは、目の前の人がお腹の底から笑い転げてる姿。

そして、櫻庭さんが笑わせた人の人生が開運していくその姿。ある意味、88カ所のお遍路トイレ掃除をして一番欲しいものを櫻庭さんは得たわけです。自ら実践して身を削ってまでみんなを幸せにする。まさに櫻庭さんの愛はジャイアンの愛です!(笑)

櫻庭さんのこと、開運界のエンターテイナーとしてめっちゃ期待してます。運をどんどんエンターテイメントにして、実践すれば誰でも人生を変えられるんだってことを多くの人に見せ続けてほしいですね。

櫻庭 開運とは、やっぱり実践です。実際にやってみないことには扉は開かない。でも、実際にやってみたら必ず何か変わる。それに、僕はできないことは言ってない。やろうと思ったら誰でもできることを伝えてる。しかもすべて自ら実践済みのものばかりです。開運にはいろいろなやり方がありますから、自分が「これよさそう!」と思ったものから、どんどん実践してみてほしい。やれば必ず人生変わります。

ひすい 櫻庭さんは「運のデパート」ですよね。運の取扱量世界一の「運の百貨店」。もしくは「運の総合商社」(笑)。

「各種、さまざまな開運法取りそろえております」、みたいな(笑)。

僕が、櫻庭さんがいいなって思うのは、開運の実践をワクワク楽しんでるところです。深刻にやるんじゃなくて、面白がってやってるその心の状態がすごく大事だと思っていて、だからこそ効果も大きい。

櫻庭さんの楽しむ心が、櫻庭さんを通して共鳴してみんなに伝わっていくからみんな変わっていくんです。「面白がってやる」「何が起きても誰かにネタとして笑わせるつもりで実践を楽しんでる」。

実践をワクワク楽しんでいるその心の姿勢が最大の開運の極意だと思っています。

心の状態（どんな心で）×実践（何をするか）＝未来ですからね。

櫻庭さんは、運がよくなる方法を伝えているだけではなく、みんなをワクワクさせて、それを実践してみたくなる「気持ち」をつくってあげている、そこが櫻庭さんの一番のすごみだと僕は分析しています。

「面白がる心（心）×開運の品数の多さ（行動・実践）」。

これが、世界一の運の総合商社、櫻庭露樹の魅力です。

でも、櫻庭さんの一番すごいところは……あっ、これ本に書けないな（笑）。

編集部注：お2人の対談は、体をよじって笑うほどの話ばかりでした。出会いの話から面白く、まったくスピ対談になりませんでしたことを、ここにお詫び申し上げます。また別の機会に。感謝。

櫻庭露樹（さくらば・つゆき）

⦿ スピリチュアル研究家。パワーストーンショップ「Ameri Stone」代表取締役。

⦿ 幼少から青年期までを東京で過ごす。貧乏生活を余儀なくされながら高校を卒業後、料理人などさまざまな職業を経験する。36 歳のとき、これまでのツキのない人生を恨むなかで小林正観氏と出会い、目に見えないものの正体について興味を抱き研究を始める。

⦿ 神奈川県川崎市で雑貨店をオープン。海外を飛び回り数多くの商品を取り扱うなか、天然石・パワーストーンに出会う。その素晴らしさを伝えるため東京・自由が丘に天然石の専門店 Ameri Stone をオープン。

⦿ 現在は講演活動やモンゴルのマンホール・チルドレンの支援などの社会貢献活動のほか、YouTube などでも幅広く活躍。

⦿ 著書に『トイレの神様に聞いたヒミツの開運法 運呼の法則』（クリエイトブックス）、『私たちは世界中でいちばん幸せな子供たち。〜モンゴル児童保護施設「太陽の子どもたち」のお話』（宇宙人出版）がある。

［ 自由が丘のパワーストーンショップ Ameri Stone ］ https://ameri-stone.com/

［ 公式 HP ］ https://tsuyuki-sakuraba.jp/

［ 公式 YOUTUBE ］ https://www.youtube.com/channel/UCVMtuJGkv1Q7t9LXfVF2E6Q

［ 夜のツタンカーメンオンラインサロン ］ http://zensyari.com/yorutsuta-onlinesalon-lp/dist4/

［ 櫻庭露樹厳選通販 ］ https://yorutsuta.official.ec/

世の中の運がよくなる方法を試してみた

2020年2月4日　初版発行
2022年9月5日　7刷発行

著　者　櫻庭露樹
発行者　太田　宏
発行所　フォレスト出版株式会社
〒162-0824　東京都新宿区揚場町2-18　白宝ビル7F
電話　03-5229-5750（営業）　03-5229-5757（編集）
URL　http://www.forestpub.co.jp

カバー&本文デザイン ——— 穴田淳子（a mole design Room）
イラスト ——— 坂木浩子（ぽるか）
印刷・製本 ——— 日経印刷株式会社

 ISBN978-4-86680-069-1　Printed in Japan

読者無料プレゼント

それ、間違ってます。巷に流布する開運法

（動画ファイル）

最後まで読んでくれたあなたに
感謝の思いを込めて、プレゼント！

この本では、さまざまな「運がよくなる方法」を解説しましたが、
そもそもあなたがこれまで、
いいと思って実践してきた開運法が間違っていたり、
意味がなかったり、意味を誤解したまま実践しているかもしれません。

そこで、最後の最後に、
「巷に広まる間違った開運法」をあなたに無料プレゼントいたします。

下記URLにアクセスしてみてください。

ダウンロードはこちら

http://frstp.jp/unyoku

※無料プレゼントはWeb上で公開するものであり、小冊子、CD、DVDなどをお送りするものではありません。
※上記無料プレゼントのご提供は予告なく終了となる場合がございます。あらかじめご了承ください。